溶接接合
設計施工ガイドブック

AIJ Design and Fabrication

Guide for Welded Connections

2008

日本建築学会

序

　建築鉄骨の接合にはおもに溶接と高力ボルトが使用されており，接合部は構造性能を左右する重要な部位であることから，適切な設計と施工が求められる．本会では2001年に「鋼構造接合部設計指針」を刊行し，接合部が保有すべき性能と設計手法を提示してきた．また，施工に関しては2007年に改定された「建築工事標準仕様書 JASS 6 鉄骨工事」，「鉄骨工事技術指針（工場製作編・工事現場施工編）」，「鉄骨精度測定指針」，2008年に改定された「鋼構造建築溶接部の超音波探傷検査規準・同解説」において，接合にかかわる工程についての標準仕様と技術的な指針や規準が示されている．

　社会では日々多くの建築物が鋼構造で設計され，溶接を使った鉄骨が製作されており，そこでは設計者，現場施工者，鉄骨製作管理者，溶接技能者，検査技術者など立場や役割の異なる専門家が従事している．それぞれが担う技術は細分化，専門化されているが，その基礎として溶接接合に関する全体的な理解が必要である．1995年兵庫県南部地震においては，柱梁接合部などの溶接接合部の破断により重大な被害に至った鋼構造建築物が見られたが，その後の研究で原因と対策に関する多くの知見や技術情報を得て，最新の指針や規準に反映されている．溶接は設計上の制約が少なく自由度が高い接合法であるが，その一方で施工性や性能確保のために必要な制約が多くあり，設計と施工の調和が求められる．これらの指針類はますます高度化して量も膨大となり，これを使いこなすには鋼構造や溶接に関する広い知識と理解が求められる．

　このような状況で，溶接接合に特化し，溶接にかかわる多くの情報を一度に俯瞰できる内容，簡便な溶接接合部の設計法，設計と施工に関する事項を同時に理解できる内容を求める声が強くなってきた．本会では2003年に「高力ボルト接合設計施工ガイドブック」を刊行してその設計と施工に関する諸情報を簡潔に盛り込んで提供してきた．鋼構造運営委員会は，同様の趣旨で溶接接合について基礎となる実践的な情報を提供することを目的に，鉄骨工事運営委員会の協力のもとに，本書を刊行するものである．内容は前述の本会の指針，仕様書，規準などを踏襲しているが，溶接にかかわる専門家だけでなく，経験の浅い技術者に向けた導入書となることも目指して基本事項の平易な解説を充実させ，標準的な溶接接合部の設計・施工法を示したものである．

　本ガイドブックが鋼構造建築物の溶接接合に関する技術の普及と品質向上に役立つことを期待する．

2008年11月

日本建築学会

原案執筆担当

1章	1.1	吹田 啓一郎	
	1.2	桑原 進	吹田 啓一郎
	1.3	吹田 啓一郎	日高 桃子
2章		寺田 岳彦	山田 哲
3章	3.1～3.3	吹田 啓一郎	藤田 哲也
	3.4	橋田 知幸	
4章	4.1～4.2	鈴木 孝彦	
	4.3	橋田 知幸	
	4.4	笠原 基弘	
5章	5.1～5.3	田中 剛	
	5.4	笠原 基弘	
	5.5	椿 英顯	
6章	6.1～6.2	増田 浩志	
	6.3	笠原 基弘	
	6.4	田代 靖彦	

溶接接合設計施工ガイドブック

目　　次

1章　建築鉄骨の溶接
　1.1　はじめに …………………………………………………………………………………… 1
　1.2　鋼構造における溶接の発展 ……………………………………………………………… 2
　　1.2.1　溶接の普及 ………………………………………………………………………… 2
　　1.2.2　溶接の発展 ………………………………………………………………………… 4
　　1.2.3　品質確保への取組み ……………………………………………………………… 6
　1.3　地震被害の教訓 …………………………………………………………………………… 6
　　1.3.1　溶接施工の不良による溶接部の破断 …………………………………………… 7
　　1.3.2　柱梁接合部の脆性破断 …………………………………………………………… 8
　1.4　実建物の載荷実験例による接合部と骨組の性能 ……………………………………… 8
　　1.4.1　対象建物と実験方法 ……………………………………………………………… 8
　　1.4.2　実験結果と溶接部の挙動 ………………………………………………………… 9

2章　設計・施工の流れ
　2.1　はじめに …………………………………………………………………………………… 12
　2.2　設　　計 …………………………………………………………………………………… 14
　　2.2.1　概　　要 …………………………………………………………………………… 14
　　2.2.2　準拠基準類および技術者の資格 ………………………………………………… 15
　2.3　現 場 施 工 ………………………………………………………………………………… 16
　　2.3.1　概　　要 …………………………………………………………………………… 16
　　2.3.2　準拠基準類および資格 …………………………………………………………… 17
　2.4　鉄骨製作工場 ……………………………………………………………………………… 18
　　2.4.1　概　　要 …………………………………………………………………………… 18
　　2.4.2　準拠基準類および資格 …………………………………………………………… 19
　2.5　検　　査 …………………………………………………………………………………… 19
　2.6　主な資格の内容 …………………………………………………………………………… 20

3章　溶接の基本
　3.1　溶接部の要求性能 ………………………………………………………………………… 22
　3.2　継手形式と溶接の種類 …………………………………………………………………… 23

3.2.1　溶接継目と耐力算定式 …………………………………………………………… 23
　　　3.2.2　溶　接　継　手 ……………………………………………………………………… 28
　　　3.2.3　溶　接　記　号 ……………………………………………………………………… 29
　3.3　標準的な溶接詳細 ………………………………………………………………………… 29
　　　3.3.1　溶接と継手の種類 …………………………………………………………………… 29
　　　3.3.2　標準的な柱梁接合部の溶接詳細 …………………………………………………… 30
　3.4　溶　接　方　法 …………………………………………………………………………… 33
　　　3.4.1　溶接の基本知識 ……………………………………………………………………… 33
　　　3.4.2　被覆アーク溶接 ……………………………………………………………………… 35
　　　3.4.3　ガスシールドアーク溶接 …………………………………………………………… 36
　　　3.4.4　サブマージアーク溶接 ……………………………………………………………… 36
　　　3.4.5　エレクトロスラグ溶接 ……………………………………………………………… 37

4章　溶接接合のつくり込み

　4.1　溶接継手の性能に関わる要因 …………………………………………………………… 38
　4.2　材料選定の要点 …………………………………………………………………………… 38
　　　4.2.1　鋼材の選定 …………………………………………………………………………… 38
　　　4.2.2　溶接材料の選定 ……………………………………………………………………… 42
　4.3　溶接施工の要点 …………………………………………………………………………… 43
　　　4.3.1　溶　接　作　業 ……………………………………………………………………… 43
　　　4.3.2　溶接欠陥と不具合発生防止 ………………………………………………………… 54
　　　4.3.3　めっきを施工する鉄骨製品の溶接 ………………………………………………… 56
　　　4.3.4　精度の確保 …………………………………………………………………………… 57
　4.4　品質管理の留意点 ………………………………………………………………………… 59
　　　4.4.1　溶接前検査 …………………………………………………………………………… 59
　　　4.4.2　溶接中検査 …………………………………………………………………………… 62
　　　4.4.3　溶接後検査 …………………………………………………………………………… 64

5章　柱梁接合部

　5.1　概　　　　説 ……………………………………………………………………………… 67
　5.2　設計の要点 ………………………………………………………………………………… 70
　　　5.2.1　梁端溶接接合部の最大曲げ耐力 …………………………………………………… 70
　　　5.2.2　柱梁接合部パネルのせん断補強 …………………………………………………… 71
　　　5.2.3　ダイアフラムの板厚 ………………………………………………………………… 72
　5.3　施工の要点 ………………………………………………………………………………… 73
　　　5.3.1　梁端に設けられるスカラップ ……………………………………………………… 73

5.3.2　梁端の完全溶込み溶接 ………………………………………………………… 76
　　　5.3.3　角形鋼管と通しダイアフラムの完全溶込み溶接 …………………………… 78
　　　5.3.4　梁ウェブの柱フランジへの隅肉溶接 ………………………………………… 79
　5.4　検査上の留意点 …………………………………………………………………… 79
　　　5.4.1　外観検査 ………………………………………………………………………… 80
　　　5.4.2　超音波探傷検査 ………………………………………………………………… 80
　5.5　各種柱梁接合部 …………………………………………………………………… 85
　　　5.5.1　標準的な角形鋼管の接合部 …………………………………………………… 85
　　　5.5.2　梁段違い形式接合部 …………………………………………………………… 87
　　　5.5.3　梁偏心形式接合部 ……………………………………………………………… 89
　　　5.5.4　テーパー管形式接合部 ………………………………………………………… 90
　　　5.5.5　その他の接合部 ………………………………………………………………… 91

6章　ブレース接合部

　6.1　概　　説 …………………………………………………………………………… 94
　6.2　設計の要点 ………………………………………………………………………… 95
　6.3　検査上の留意点 …………………………………………………………………… 97
　6.4　各種ブレース接合部 ……………………………………………………………… 99
　　　6.4.1　H形鋼ブレースのガセットプレート乗換え形式 …………………………… 99
　　　6.4.2　H形鋼ブレースの直接接合形式 ……………………………………………… 100
　　　6.4.3　H形鋼柱弱軸曲げ方向ブレース ……………………………………………… 101
　　　6.4.4　鋼管ブレースの割込みプレート形式 ………………………………………… 102
　　　6.4.5　鋼管ブレースのエンドプレート形式 ………………………………………… 103
　　　6.4.6　ブレースと柱脚の取合い ……………………………………………………… 104
　　　6.4.7　ブレースと梁の中間部の取合い ……………………………………………… 105

付　　録

　付1.　角形鋼管柱梁接合部における接合部係数の例 ……………………………………… 109

索　引 ……………………………………………………………………………………… 115

溶接接合設計施工ガイドブック

1章　建築鉄骨の溶接

1.1　はじめに

　建築鉄骨の製作にはアーク溶接が多く使われており，高力ボルトとともに鋼材を接合する方法として定着している．わが国の鋼構造建物は，現在その多くが角形鋼管柱とH形鋼梁によるラーメン構造で設計されている．この構造で重要な役目を果たす柱梁接合部は，そのほとんどが図1.1に示す通しダイアフラム形式〔詳細は3章，5章参照〕と呼ばれる方法で接合されている．

　通しダイアフラム形式では，柱と梁が接合される狭い範囲に多くの溶接が集中し，しかもそこに接合される部材は地震時に塑性化するほどの高い応力を受け，溶接にとっては厳しい条件が重なっている．そのため，設計・施工に際しては材料，接合詳細，溶接の条件や技量など技術的に配慮すべき点が多い．構造設計者，製作管理者，溶接技能者，検査技術者らの専門家はこのことをよく理解した上で，溶接接合部の目標とする構造性能について共通の認識を持ち，互いに意思の疎通を図りながら性能と品質を確保するべく，それぞれの役割を担うことが求められる．本書は，鋼構造建物の設計・施工にさまざまな立場で関わる専門家が，十分な性能と品質の溶接接合部をつくる技術について共通の理解が得られるように，次の内容で構成されている．

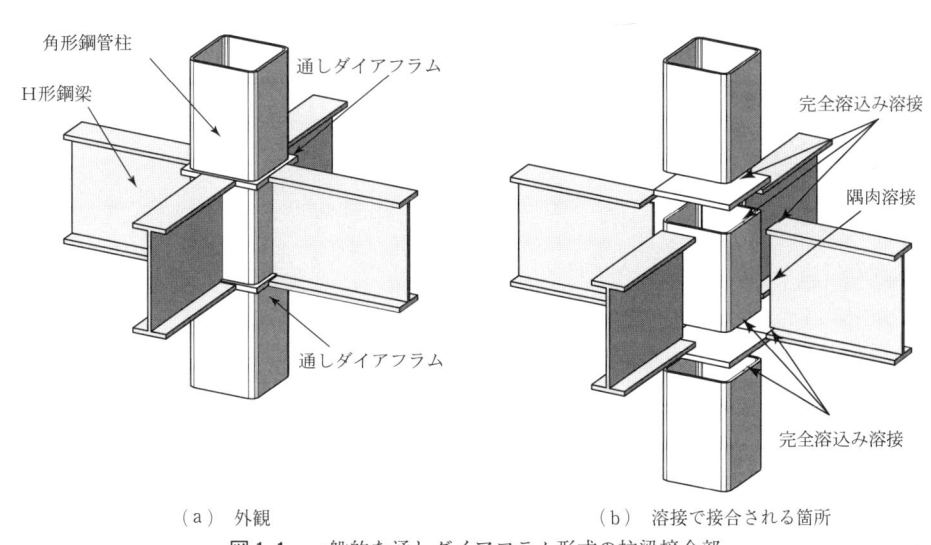

（a）外観　　　　　　　　　　　（b）溶接で接合される箇所
図1.1　一般的な通しダイアフラム形式の柱梁接合部

注：本書では，本会指針類の引用に次の略称を使っている．
【接合指針】鋼構造接合部設計指針，【S規準】鋼構造設計規準―許容応力度設計法―，【JASS 6】建築工事標準仕様書 JASS 6 鉄骨工事，【技術指針・工場】鉄骨工事技術指針・工場製作編，【技術指針・現場】鉄骨工事技術指針・工事現場施工編，【UT規準】鋼構造建築溶接部の超音波探傷検査規準・同解説，【精度指針】鉄骨精度測定指針

1章では，はじめにわが国の鋼構造がたどってきた技術の変遷とその背景を紹介する．現在のように溶接を主体とする接合形式が主流となるまでの歴史を知ることで，溶接接合部の設計・施工についての理解が深まるであろう．次に，最近の地震による溶接部の被害や現実の建物を載荷した実験を題材にして，さまざまな不具合により設計で期待したとおりの性能を発揮できなかった例を紹介し，溶接接合部が果たす性能に対して設計・施工の品質がいかに関わるかを示す．2章では建築鉄骨の設計・施工のフローを示す．工程の中で各専門家が関わる時期と役割を示し，鉄骨の製作においてお互いにどのような指示や情報を交わして，仕事を進めなければならないかを示す．また，技術者資格の種類と役割についても紹介する．

3章では溶接の基本事項を解説し，構造設計，溶接継目と継手の種類，溶接ディテール，溶接方法などを取り上げている．続く4章では，所定の性能の溶接部をいかにして作り込むか，材料選定，施工，検査，品質管理などの観点から説明している．この2つの章で溶接に関わる多くの基本知識と施工の要点を解説し，役割の異なる専門家が共有できる内容としている．最後に溶接による接合部の具体的な設計・施工の方法を示す．5章で柱梁接合部，6章でブレース接合部をとりあげ，中小規模の鉄骨によく用いられる標準的な接合部を取り上げる．標準的な接合形式以外にも，実工事でよく起こる意匠や機能上の条件に合わせるのに適した接合形式も示す．本書の内容は，本会の「鋼構造接合部設計指針」および「建築工事標準仕様書 JASS 6 鉄骨工事」と「鉄骨工事技術指針」の最新版に準拠しているが，専門分野が異なる技術者にも理解しやすいように内容を限定している．一般に設計指針の類は自由度を損なわずに技術者の判断を尊重する方針をとるものが多く，そのために難解となりがちである．だが，本書は多くの建物に用いやすく，性能や品質を確保しやすい方法を示すことを目指し，そのためにあえて設計の自由度を制限した部分もある．本書に記されていない接合方法も多くあるが，本書の範囲を超えていると判断したものは載せていない．

1.2 鋼構造における溶接の発展

1.2.1 溶接の普及

建築を含めて多くの分野でアーク溶接が使われている．アーク溶接の技術は19世紀にイギリスでアークが発見されたことにはじまり，20世紀に入って間もなく，被覆アーク溶接棒がスウェーデンで開発され，溶融金属を大気からシールドする技術が実現された．それを契機に実用的な技術として普及しはじめ，わが国には1914年に造船の分野で導入されたのが最初である[1.1]．建築の分野では1920年頃イギリスで初めて利用されはじめ，日本では1924年に関東大震災復旧工事で丸の内郵船ビルに使われたのが始まりとされている．当時の鋼構造では市街地建築物法（1920年）で認められたリベット接合が主流であり，溶接は補強工事などで部分的に使われる場合に限られていた．その後も当時の社会情勢により，1950年までは溶接は一般に普及しなかった．

初期の溶接規定として，本会の「鐵骨構造計算規準（案）」[1.2]（1941年）や「各種構造計算規準（1）」（1947年）に集録された「鋼構造計算規準」[1.3]があるが，アーク溶接が正式に認められたのは1950年の建築基準法施行令からである．同じ年に本会の「鋼構造計算規準・同解説」[1.4]（1950年）で詳細な規定が定められた．その主な内容は次のとおりである．

- 適用する鋼材の板厚は 6 ～ 35 mm で，鋼種は SS41（JIS G 3101）が推奨され，それより高強度の SS50 には慎重な検討が求められている．
- 溶接材料は被覆アーク溶接棒（日本基本規格 9001 A 種 2 号，後に JIS G 3524）が示されている．
- 溶接継目は完全溶込み溶接，隅肉溶接，栓溶接の 3 種類を扱い，母材の長期許容引張応力度が 1.6 tf/cm^2 であるのに対して，溶接継目は工場溶接が 1.4 tf/cm^2，現場溶接が 1.2 tf/cm^2 に低減されている．現場溶接が低減される理由として，下向以外の姿勢となるのを避けがたいことが挙げられている．また，隅肉溶接の場合は長期許容せん断応力度が 0.8 tf/cm^2 である．

当時はまだ鋼材の溶接性，作業環境が整わないことおよび溶接欠陥の確認方法がなかったことを考慮して，完全溶込み溶接の許容応力度が母材よりも低く定められており，主要な接合にも隅肉溶接が使われている点が特徴である．構造計算例には溶接組立 H 形鋼による門型ラーメン構造が示されていて（図 1.2），その中で溶接部は「材の全強度を伝達するように設計する」と記されている．梁端の梁フランジ接合部は完全溶込み溶接によるが，溶接継目の許容応力度が母材よりも小さいからこれだけでは耐力が不足し，カバープレート〔図 1.2 の丸囲み部〕を隅肉溶接で接合して耐力を補うように設計されている．

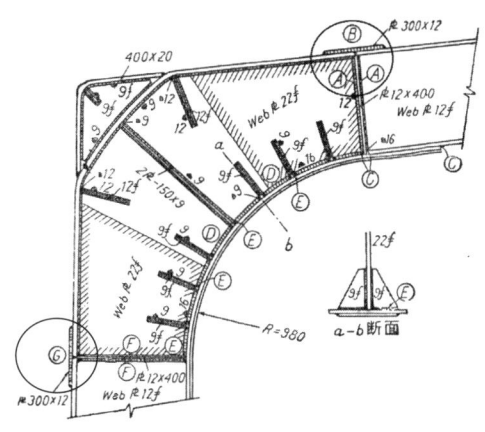

図 1.2 全溶接柱梁接合部の設計例（鋼構造計算規準・同解説[1.4]，1950 年）

1953 年に本会「建築工事標準仕様書 JASS 6 鉄骨工事」が発行されて設計と施工の規定が整備され，本格的な溶接が始まったとされる．1952 年には初の全溶接の鋼構造建物が建設された．この頃に登場した技術や制度として，溶接構造用圧延鋼材（JIS G 3106，SM 材）（1952 年），サブマージアーク溶接の国産化（1953 年），アークエアガウジングの導入（1954 年），（社）日本溶接協会による溶接技能者技術検定（1954 年），スタッド溶接の国産化（1956 年）が挙げられる．

本会「鋼構造計算規準・同解説」（1959 年）では，SM 材の下向溶接の場合は溶接継目の許容応力度が母材と同等に規定された．しかし，同年に改正された建築基準法ではまだ低減値のままであった．SM 材が登場したとはいえ，溶接は工場内に限られることが多く，現場ではリベット接合が主流であった．また，当時の建築鉄骨は，純鉄骨よりもむしろ鉄骨鉄筋コンクリート造に用いられる

ことが多く，山形鋼や溝形鋼をリベット接合するのが一般的であった．その一方で，1955年に軽量形鋼の生産が始まり，本会「薄板鋼構造計算規準・同解説」(1957年)が発行された．当時，小規模建物に軽量形鋼や鋼管構造が普及しはじめ，その工事には溶接が不可欠であるから全国で鉄骨製作工場が創業され，溶接が広まるきっかけになったと言われている[1,5]．

1.2.2 溶接の発展

建築の分野における溶接関連の年表を表1.1に示す．1960年代に入るとH形鋼や高力ボルト摩擦接合の実用化を契機に建築鉄骨の生産性が向上し，高度成長期に入ると建築着工面積などに高い伸びが示された．1963年に建築基準法の高さ規制廃止で超高層ビルの建設が本格的に始まり，そこで使われる高強度，極厚の鋼板を製造し，溶接で接合する技術が発展した．これが鋼構造のフロンティアとして設計・施工技術を発展させ，中低層の建物にも波及した．以下に主なものを挙げる．

・鋼材は400 N/mm²級の軟鋼から高張力鋼へ，板厚は40 mm未満から極厚へと発展した．

表1.1 鋼構造建築における溶接関連年表

西暦年	事　項
1914	溶接技術の輸入
1947	各種構造計算規準(1) 鋼構造計算規準に最初の溶接規定
1950	建築基準法・同施行令でアーク溶接を一般構法に認定 被覆アーク溶接棒(JIS G 3524)規格の制定 鋼構造計算規準・同解説の改定で溶接の詳細な規定
1952	溶接構造用圧延鋼材 SM材規格の制定
1953	建築工事標準仕様書 JASS 6 鉄骨工事の刊行 溶接の設計・施工に関する諸規定が整い，建築の溶接が本格化する
1954	日本溶接協会・溶接技能者技術検定の開始
1957	薄板鋼構造計算規準・同解説が刊行され，全国的に軽量形鋼，鋼管構造が小規模鉄骨建築に普及し，鉄骨製作工場が急増
1959	鋼構造計算規準・同解説の改定でSM材が追加され，下向溶接継目の許容応力度は母材と同等となり，設計，施工に有利となる
1970	鋼構造計算規準・同解説の改定によりすべての適用鋼種について，溶接継目は母材と同等の強度で設計が可能となる．炭酸ガスシールドアーク溶接の普及で生産性が向上.
1972	鉄骨生産工場類別要綱の制定．溶接管理技術者の資格認定制度
1973	鋼構造建築溶接部の超音波探傷検査規準・同解説の刊行
1978	全国鉄構工業連合会・鋼構造物製作工場認定制度の開始
1981	建築基準法改正・新耐震設計法施行．終局強度型の耐震設計，保有耐力接合設計の開始． 建設省告示1103号による鉄骨製作工場の建設大臣認定制度開始.
1982	JASS 6 鉄骨工事の改定・付則6に鉄骨精度検査基準を制定し，鉄骨精度測定指針を刊行して精度管理の方法を整備
1995	兵庫県南部地震で溶接柱梁接合部などに脆性破断被害が発生
2000	建築基準法改正・建設省告示1103号の廃止．工場認定制度は新しい性能評価制度に継承
2001	鋼構造接合部設計指針の刊行により接合部設計法を整備
2007	JASS 6 鉄骨工事，鉄骨工事技術指針等の改定で溶接詳細，ロボット溶接などの規定を整備

- さまざまな接合形式が試された中で，大断面部材の場合は溶接組立による箱形断面柱に内ダイアフラム形式で梁を接合する構法が主流となり，それに必要なエレクトロスラグ溶接，サブマージアーク溶接（3.4節）の技術が発展した．
- 溶接材料では高張力鋼に対応した低水素系溶接棒が開発され，さらに1970年代には作業能率の高い炭酸ガスシールドアーク溶接（3.4節）が普及し，溶接の生産性が飛躍的に向上した．
- 超音波探傷試験（5.4節）が使われはじめた．本会の「鋼構造建築溶接部の超音波探傷検査規準・同解説」（1973年）が刊行され，溶接管理技術者の資格認定制度（1972年）が制定された．

鋼材や溶接法の改良で品質が安定したのを受け，1970年改定の「鋼構造設計規準・同解説」では溶接継目の許容応力度を低減する規定が廃止され，鋼材と溶接材料の組合せが適切であれば母材と同等の耐力で設計できるようになった．これにより，溶接はボルト接合のような断面欠損がなく，構造設計上，鋼材を全強で接合するのに最も有利な接合法となった．

当時の鋼構造の柱はH形鋼が一般的であり，柱の強軸曲げ方向は図1.3のラーメン構造，弱軸曲げ方向は軸ブレース構造とする設計が多く見られた．H形鋼同士の柱梁接合部は剛接合とするため，重要な接合部には完全溶込み溶接が採用され，鉄骨製作工場での溶接による鉄骨加工が本格化し，工事現場では高力ボルト接合が一般的となった．

中低層建物の柱用に1977年頃から角形鋼管の生産が増大した．当時はまだ高価なため，その代わりにH形鋼を加工した「日の字」断面や，溝形鋼を2丁抱き合わせて溶接で組み立てた断面が使われた〔図1.4〕．だが，ダイアフラムを溶接できないことや，組立て材の溶接に安易な隅肉溶接が普及したため品質確保が課題とされた[1.6]．さらに1981年の建築基準法改正で保有耐力接合の規定により接合部設計法が整備されると同時に，ブレースは地震時応力の割増しが規定されたことから軸ブレース構造が敬遠された．以来，角形鋼管柱を使った純ラーメン構造が多く採用されるようになり，日本の建築鉄骨ではこの形式が数多く施工されている．

角形鋼管柱を使った柱梁接合部はダイアフラムによる補強が必要であり，図1.1の通しダイアフラム形式が普及した．この形式は通しダイアフラムの接合のために溶接作業量が多い接合形式であるが，現在は日本の鉄骨製作工場のほとんどがこの標準的な接合形式にあわせた製造設備を揃えて

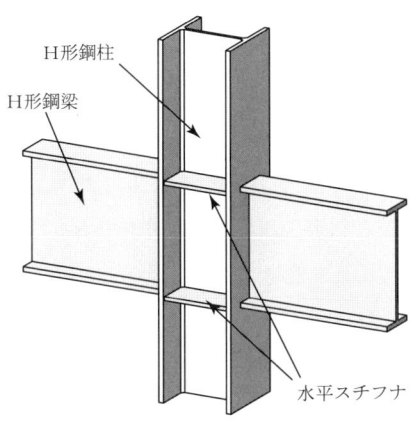

図1.3　一般的なH形鋼柱梁接合部

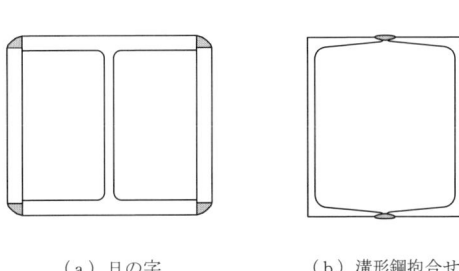

（a）日の字　　　（b）溝形鋼抱合せ

図1.4　角形鋼管の代替に使われた柱断面

生産ラインを組み，製作・管理体制の合理化を図っている．

1.2.3 品質確保への取組み

1960年代から鋼構造は急速に着工面積を伸ばし，同時に溶接が本格的に使われはじめた．わずか20年ほどの間にリベット接合主体から溶接と高力ボルト接合主体へ大きく変わり，これに携わる技術者や施工者，鉄骨製作工場が急速に増えた．この変化に対応して設計・工事管理に必要な知識と技術を普及させ，溶接技量の水準を維持する必要がでてきた．特に経済成長が著しい1970年代にはバランスの取れた対応がゆきわたらず，一部に製作上の不具合が顕在化し「不良鉄骨」と呼ばれて社会問題化した．鉄骨の品質は鉄骨製作工場での加工が重要な位置を占めるにも関わらず，当時は製作工場を創業する条件などがなく，品質管理に大きな差があるのが現実であった．そこで適切な製作工場を選択するための客観的な判断基準が必要になり，本会の「鉄骨生産工場類別要綱」[1.7]（1972年）が作成された．これをもとに1978年に(社)全国鉄構工業連合会による鋼構造物製作工場認定制度が発足した．この制度は1981年の建設省告示第1103号「高度の品質を確保し得る作業方法の条件」により溶接部の許容応力度の扱いで優遇され，1982年から建設大臣認定となり，1983年には(社)鉄骨建設業協会の認定制度も始まった．2000年の建築基準法改正で建設省告示1103号は廃止されたが，現在では(株)全国鉄骨評価機構，(株)日本鉄骨評価センターによる工場性能評価制度に受け継がれている．

溶接施工技術の普及のため，本会では1962年の「溶接工作規準・同解説 I アーク溶接（手溶接）」から1978年の「同 IX スポット溶接」まで9分冊を刊行した．1953年に刊行された「建築工事標準仕様書・同解説III JASS 6 鉄骨工事」は，鉄骨工事の標準仕様を示し，社会情勢の変化に合わせて改定されて質の向上に役立っている．1977年からはJASS 6の解説と新技術の普及を図る目的で「鉄骨工事技術指針」が刊行され，その後「工場製作編」と「工事現場施工編」に分冊されて内容が改定され，鉄骨工事に伴うさまざまな技術的判断の拠り所となる資料として役立っている．1982年からJASS 6の付則に「鉄骨精度検査基準」が加わり，同じ年に刊行された「鉄骨精度測定指針」と併せて，鉄骨の品質確保の具体的な方法が整えられた．2007年版では梁端の溶接ディテールやロボット溶接に関する規定が整備されている．創刊当時は技術やハードを重視した内容であったが，近年は品質管理体制などソフト面を重視する内容が加えられている．

1.3 地震被害の教訓

1995年兵庫県南部地震では鋼構造建物も多くの被害を受けた．文献1.8)の調査結果によれば小破以上の被害が988件で，その中で90件が倒壊，332件が大破と判定される大きな被害であった．新耐震設計法施行以前の古い技術による建物の被害が多いが，最新の建物にも溶接部周辺の破断など，接合部に重大な損傷を受けたことは深刻な問題と捉えられた．直ちに原因究明と対策を立てる取組みが実施され，その成果は本会の鋼構造関連指針などに反映されている．以下に溶接に関連する特徴的な被害例を示す．

1.3.1 溶接施工の不良による溶接部の破断

はじめに溶接施工の不良により柱梁接合部が破断した例を示す．通しダイアフラム形式〔図1.1〕の柱梁接合部では，通しダイアフラムと柱や梁との接合は完全溶込み溶接でなければ，耐震上必要な耐力を持たせることが難しい．その接合に開先のない溶接をして溶接部が破断した被害が29件あり，その半数以上は倒壊した．図1.5に示すように柱と通しダイアフラムの溶接は片面だけの前面隅肉溶接となるため，その耐力はもともと両面に溶接されることを前提とする前面隅肉溶接の耐力よりもかなり低くなる（3.2節）．また，梁フランジと通しダイアフラムの接合に開先を設けていない場合は，隅肉溶接よりもさらに溶込みが小さく，溶接継目ののど厚はごくわずかとなる〔図1.5〕．写真1.1，1.2の被害例では周辺の柱・梁が降伏した形跡はなく，部材は弾性のままで溶接部が破断している．このような骨組の水平耐力は極めて低く，変形能力が乏しく，耐震性能が著しく劣っている．多くの場合は倒壊などの人命に関わる大被害を受けており，絶対にあってはならない溶接である．

次に現場溶接の柱継手が破断した被害を写真1.3に示す．この建物のすべての柱に同様の破断が見られ，上下の柱は最大で50 mmほどずれている．破断した溶接部の破面〔写真1.4〕を見ると溶接継目の溶込みは外周部に白く見える部分しか確認されない．破面の大部分にはさび（錆）が見られ，柱の板厚の大部分は接合されていなかったことがわかる．現場溶接の不良により十分な溶込み

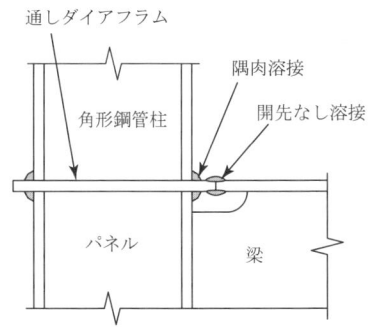

図1.5　開先のない溶接継目

写真1.1　柱端隅肉溶接の破断[1.8]

写真1.2　開先なし溶接の破断[1.8]

写真1.3　継手が破断して水平にずれた柱[1.8]

写真1.4　溶接破断面のわずかな溶込み[1.8]

が得られず，溶接後の検査も実施されずに溶接欠陥が見過ごされたと考えられる．

1.3.2 柱梁接合部の脆性破断

兵庫県南部地震以前の標準的な接合詳細による柱梁接合部において，梁フランジの完全溶込み溶接部が脆性的に破断した例を示す．破断は図1.6に示す位置で見つかっているが，特に図中に1で示すスカラップが梁フランジと接する位置から亀裂が発生し，脆性破断した被害が多く見られた〔写真1.5，1.6〕．この原因はスカラップの形状，組立て溶接の配置，鋼材の破壊靭性などが複合して発生することが実験で確認されている[1.9]−[1.11]．このような被害の建物で倒壊に至ったものはないが，最新の接合部設計と溶接詳細，溶接法によれば，この破断はかなり防ぐことができる．その詳細は4章，5章に示す．

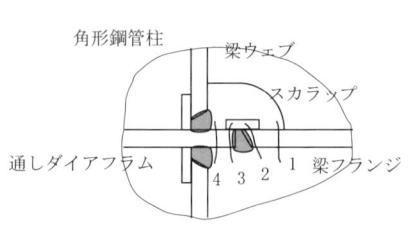
図1.6 典型的な破断位置

写真1.5 下フランジの脆性破断

写真1.6 スカラップからの破断

1.4 実建物の載荷実験例による接合部と骨組の性能

1.4.1 対象建物と実験方法

実物の鋼構造建物に水平力を加えて崩壊するまでの挙動を調べた実験を紹介する[1.12]．対象は1996年に建設された2階建て，延べ床面積500 m^2，3×1スパンの角形鋼管柱とH形鋼梁で構成される純ラーメン構造である〔写真1.7〕．あらかじめ鉄骨の外観検査，溶接部の非破壊検査を行った後に，長辺方向3スパンのうち中央1スパンを撤去して建物を2分割し，一方を補強して載荷実験の反力架台とし，残る一方を実験対象として写真1.8のように地震時を模した水平載荷実験が行

写真1.7 対象建物

写真1.8 載荷実験の状況（層間変形角1/10）

われた.

この建物は事前の検査で溶接接合部に接合詳細の問題や溶接欠陥が見つかった. 主な例を図 1.7 に示す. 隅柱に 2 方向からせいの異なる梁が取り付けられている. 通しダイアフラム形式であるが, 小さい梁の下フランジ側だけ内ダイアフラム形式となっている. また, 梁の材軸を外側へずらして梁の側面を柱の外面に揃えている. 写真 1.9 に, せいの小さい梁の下フランジ溶接部, すなわち図 1.7 ①に示す位置のマクロ試験結果を示す. この接合部では次の不具合が見られる.

(1) 梁の下フランジの開先加工〔図 1.7 ②〕

せいの小さい梁は図 1.7 に示すように開先加工した後のフランジの長さが上下で異なるはずだが, 間違って同じ長さに加工したため, 下フランジの長さが不足しており, これを補うために後で幅 25 mm の鋼板を挿入して継ぎ足している. 継ぎ足した板とフランジの溶接に溶込み不良が確認される. また, 溶接によるひずみで継ぎ足した板が面外に変形しており, そのために裏当て金と密着させることができず, 初層の溶接に欠陥を生じやすくなっている. さらに内ダイアフラムとの間でずれを生じる結果となり, 多くの不具合を生じている. マクロ写真で余盛不足も確認される.

(2) 内ダイアフラムと柱鋼管の溶接〔図 1.7 ③〕

内ダイアフラムは片面だけ隅肉溶接で柱に接合されていて, 板厚に比べて脚長はかなり小さく, また柱鋼管との間にすき間が大きく空いている〔写真 1.9〕. この溶接では梁フランジからの応力を伝達するのに必要な耐力を持たず, また隅肉溶接の仕上りが適切ではない.

(3) フランジ端部の完全溶込み溶接〔図 1.7 ④〕

梁の位置を柱の外面と揃えたため, 梁フランジの側端部が鋼管のコーナー部に位置し, 完全溶込み溶接部では開先間隔の不揃い, 裏当て金の不足, エンドタブの不足が起こる. 写真 1.10 に示すように裏当て金が不足する部分に鋼片を継ぎ足しているが, 溶接前の組立状況は適切でなく, 十分な溶込みを持つ溶接ができる状況ではない. このような詳細は避けねばならない.

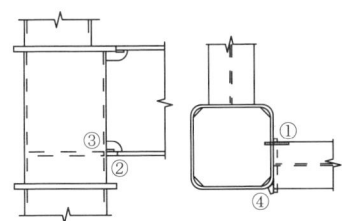

図 1.7 柱梁接合部の形状とマクロ試験位置

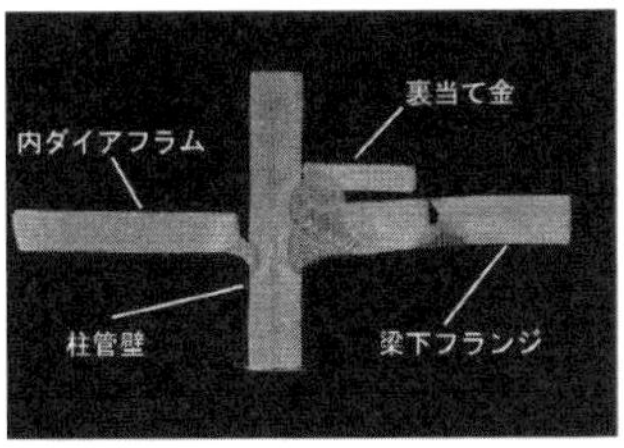

写真 1.9 マクロ試験(図 1.7 ①位置)で確認された欠陥

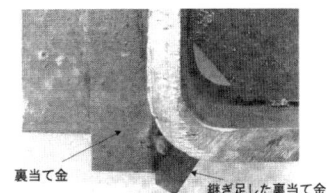

写真 1.10 コーナー部に継ぎ足した裏当て金

1.4.2 実験結果と溶接部の挙動

地震時の建物の挙動を再現するために層間変形角 2/100 ～ 3/100 の振幅で繰返し載荷した. 実験で観察された溶接部の様子を以下に示す. 写真 1.11 は前述(1)の梁下フランジの長さ不足部分に鋼板を継ぎ足した位置を示し, 層間変形角 1/100 で亀裂が生じはじめ, 1.5/100 では写真のように幅方向に明瞭な亀裂が進展した. 写真 1.12 は前述(3)の梁フランジが角形鋼管のコーナー部にか

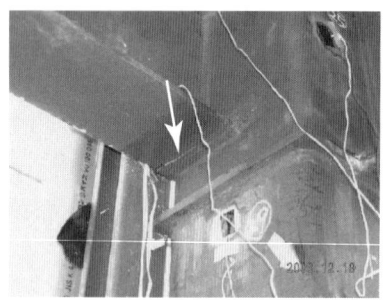 

写真 1.11　梁フランジを継ぎ足した溶接の亀裂　　　　写真 1.12　鋼管コーナー部にかかる溶接の亀裂

かる位置を示し，ここでも層間変形角 1.5/100 でコーナー部の溶接で発生した亀裂が進展している．これらの溶接部はその後，層間変形角 2.5/100 ですべて破断した．

　実験から得られた層間変形角 1.5/200 〜 3/100 の振幅による 1 層の履歴特性を図 1.8 に示す．スリップ型の履歴が見られる原因としては，露出柱脚におけるアンカーボルトの伸び変形，各層の梁下フランジに観察された溶接部の破断，床スラブのコンクリートのひび割れや鋼管柱との乖離・接触の影響などが指摘されている．この骨組に溶接部の欠陥がなかった場合の挙動を予想するために，数値解析により得られたた結果を図 1.9 に示す．図 1.8 と同じ振幅で繰り返した結果，全体的に安定した履歴を描き，梁端部の局部座屈によって水平耐力が決まるが，その大きさは実験結果の約 2 倍である．その差は，溶接部の欠陥に伴う早期の破断により骨組の水平耐力が低下したことによると考えられる．この例のように，溶接部の不具合は局所的な欠陥であっても条件が悪ければ地震時に想定される程度の変形で早期に大きな亀裂や破断を発生させる原因となり，骨組の耐震性能を著しく低下させてしまう．特に溶接部の品質や性能を損なうディテールや安易な溶接による補修は避けなければならない．そもそも間違いが発生しにくい接合部を設計することが，このような不具合を防止する上で重要である．そのためには，設計や製作それぞれの立場で，関係する技術者が共通の目標をもって一貫した品質のつくり込みに取り組むことが大切である．

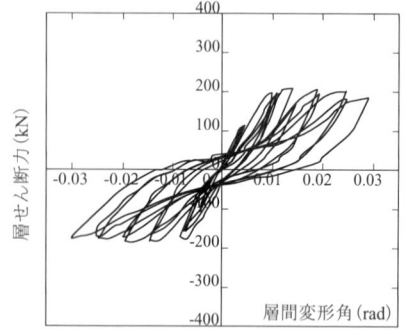 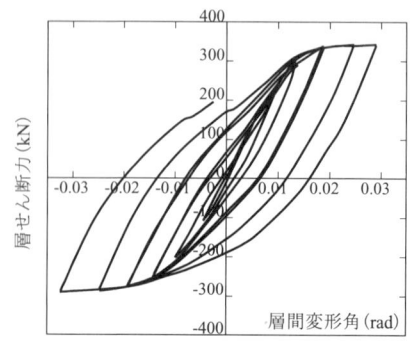

図 1.8　溶接欠陥がある鉄骨の履歴曲線（実験）　　　　図 1.9　溶接欠陥がない鉄骨の履歴曲線（解析）

参 考 文 献

1. 1) 上田修三：構造用鋼の溶接（叢書 鉄鋼技術の流れ 第9巻），日本鉄鋼協会，1997
1. 2) 日本建築学会：鐵骨構造計算規準(案)，建築雑誌，第55輯，第681号，1941.12
1. 3) 日本建築学会：鋼構造計算規準，各種構造計算規準(1)，1947
1. 4) 日本建築学会：鋼構造計算規準・同解説 附構造計算例 昭和25年版，1950
1. 5) 石黒徳衛：接合の技術（1．技術動向），建築技術10，No.434，1987
1. 6) 鉄構物の標準化推進報告書（日形断面柱設計施工標準），全国鐵構工業連合会，1979
1. 7) 日本建築学会：鉄骨生産工場類別要綱，鉄骨工事技術指針・工場製作編，pp.651-724，2007
1. 8) 日本建築学会近畿支部鉄骨構造部会：1995年兵庫県南部地震鉄骨造建物被害調査報告書，1995
1. 9) 中込忠男・山田丈富・日高新悟・大林郁良：繰返し塑性歪を受けるSMA490A鋼材の材質劣化に関する実験的研究，日本建築学会構造系論文集，第489号，pp.87-94，1996.11
1.10) 田中剛・田渕基嗣：兵庫県南部地震による角形鋼管柱・梁接合部の損傷とその原因，鋼構造年次論文報告集，第244巻，pp.151-158，1996.11
1.11) 井上一朗・上場輝康・甲津功夫・吹田啓一郎・多田元英・立山英二・田中剛・田渕基嗣・豊田政男・中島正愛・丸岡義臣・南二三吉・森迫清貴・森田耕次：通しダイアフラム形式で角形鋼管柱に接合されるH形鋼梁の塑性変形能力に関する実大実験（その1〜5），鋼構造論文集，第4巻，第16号，pp.27-104，1997.12
1.12) 河野昭彦・田中裕之・久谷和秀：実在鉄骨建物の実大実験に関する速報（その3，その4），日本建築学会大会学術講演梗概集（北海道），構造Ⅲ，pp.1017-1020，2004.9

2章 設計・施工の流れ

2.1 はじめに

　建築鉄骨の生産プロセスは，建設現場での建方に至るまでに設計・工場製作・現場施工の3つの段階に大きく分けられる．それぞれの段階はお互いに独立したものではなく，相互に連携して所定の品質の建築鉄骨が作られる．本章では，これら3つの段階に分けられる建築鉄骨の設計・施工の流れ，その中で技術者の果たす役割，それぞれに伝達すべき情報，各段階での連携，必要な資格などについて解説する．

　設計・施工に携わる関係者の役割を図2.1に示す．はじめに設計者は設計図書および各種仕様書を施工者に提示し，施工を指示する．施工者は設計者から提示された図面・仕様書に基づき施工計画を作成し，鉄骨製作業者に鉄骨製作を指示する．鉄骨製作工場で製作された製品は建設現場へ搬入され，現場において建方が行われ，それぞれの部材が接合され，ひとつの建物となる．工場製作および現場施工の段階においては適宜検査が行われ，所定の品質の確保がなされる．検査は，それぞれの業者が自らの品質管理のために行う社内検査と，鉄骨製作業者から鉄骨製品を工事現場に受け入れる際に実施する受入検査に大きく分けられる．

　建築鉄骨の設計・施工の流れと関係者の連携を図2.2に示す．各段階における具体的な仕事の流れについては2.2節〜2.4節において説明する．なお，ここでは設計・施工の流れを大まかに理解することを目的としていることから，厳密に定義された用語は使用していない．用語などの詳細については「建築工事標準仕様書 JASS 6 鉄骨工事」（以下 JASS 6 という）を参照されたい．

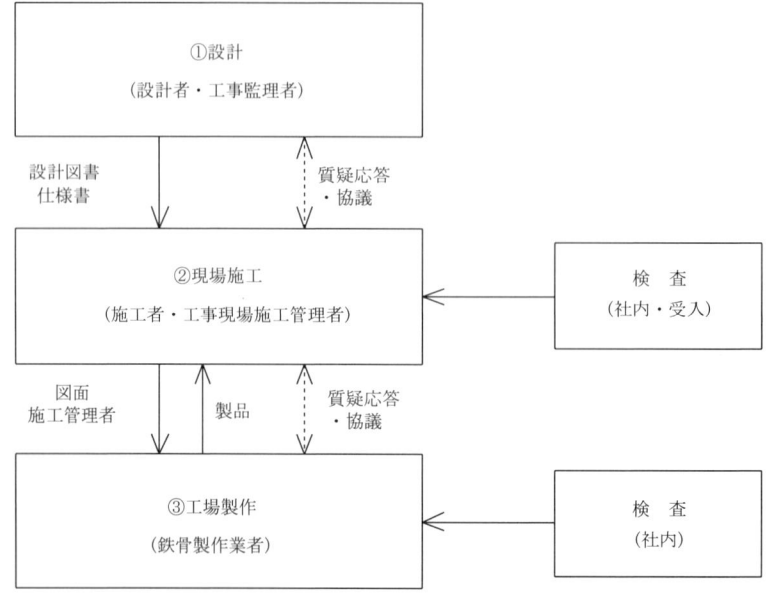

図 2.1　関係者の役割（概要）

2章 設計・施工の流れ — 13 —

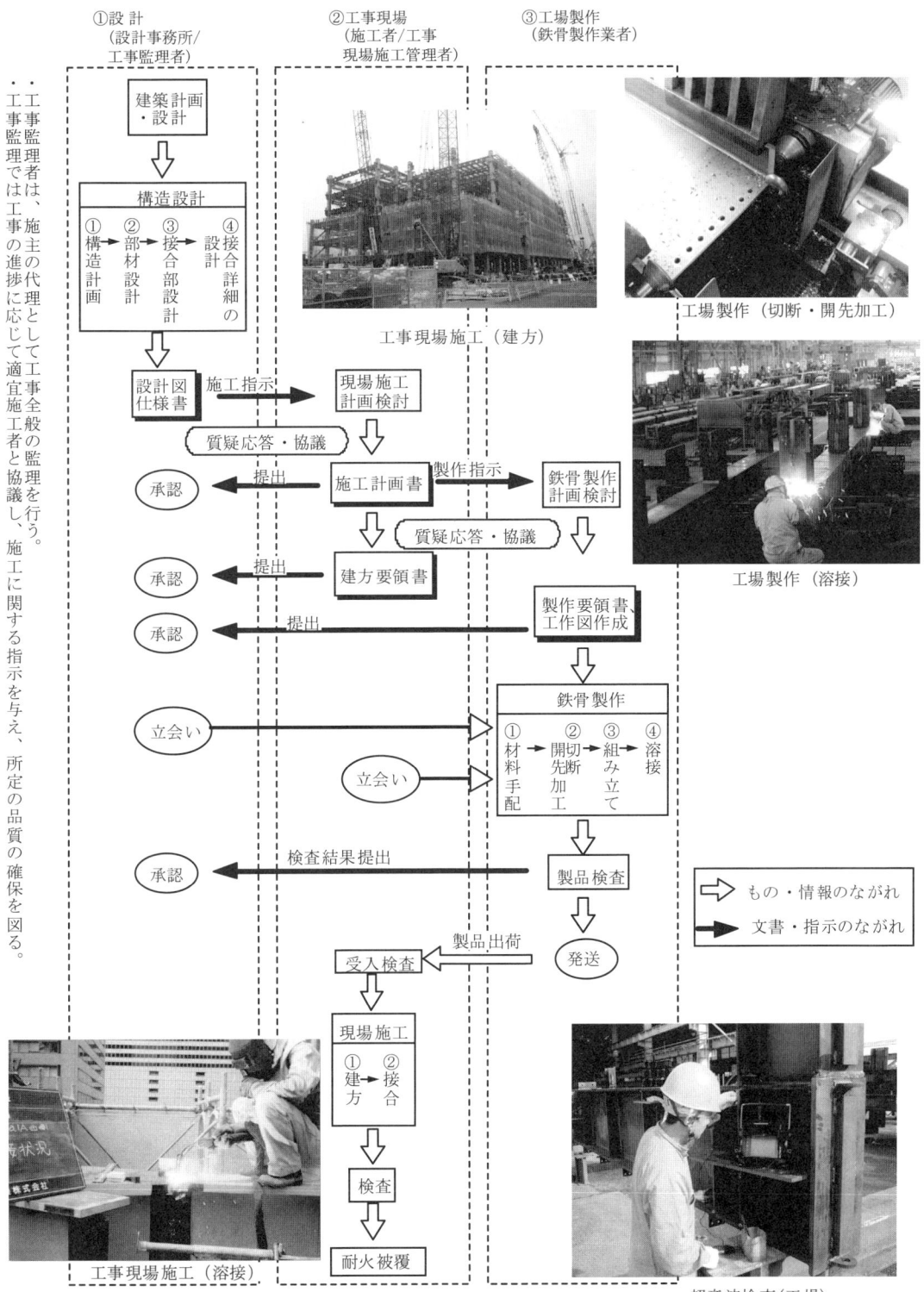

図2.2 設計者，施工者，鉄骨製作業者の連携(例)

2.2 設　　計
2.2.1 概　　要

設計者は建築主の要望や建築基準法，消防法などの準拠すべき法令，本会などが発行する各種基規準・指針などに基づき建物を設計する．一般的に建物の意匠や平面・立面計画などの建築計画の概要がまず設計され，次に建築計画に基づき構造設計が実施される．構造設計は，建物が常時受ける荷重や地震，台風などの荷重に対して建物が安全であるように，はじめに全体の構造計画を行い，次に柱や梁などの部材断面の設計，接合部の設計，接合部の詳細設計を行う．

設計者は設計の結果を図面に表し，あわせて設計図では表せない品質確保のための規定などを仕様書としてまとめ，施工者へ提示し施工を指示する．設計図は，意匠図，設備図および構造図に大きく分けられる．仕様書のうち構造関連のものとして，JASS 6 などの「標準仕様書」と建物ごとに設定される「特記仕様書」がある．

施工者へ提示する鉄骨工事関連の仕様書の主な項目を表 2.1 に示す．また，特記仕様書とあわせて示される溶接基準図の例を図 2.3 に示す．所定の品質が確保できるよう，この例のように設計者は設計段階から建築鉄骨の製作，溶接施工に関して積極的に関与し，製作しやすいディテールとすることや，経済性や検査の容易性などについて配慮することも必要である．なお，設計図および仕様書には設計者の求める品質が必ずしも十分に表現されていなかったり，不明な点が残されている場合がある．そのため，設計者の意図を施工者が理解し施工に反映できるよう，設計者と施工者は十分に質疑応答・協議する必要がある．

表 2.1　仕様書に記載される主な項目

項　　目	内　　容
①総　　則	適用範囲および原則
②一 般 事 項	鉄骨製作業者の選定・受入検査の種類および要領
③材　　料	構造用鋼材・ボルト等（高力ボルト，頭付きスタッドなど） 溶接材料・材料試験および溶接性試験
④工　　作	工作図と原寸，切断・切削加工，開先加工，スカラップ加工，孔あけ加工 摩擦面の処理，ひずみの矯正，曲げ加工，組立て
⑤溶　　接	溶接方法，溶接技能者および溶接作業者（オペレーター），溶接材料 溶接施工一般（溶接部の形状，溶接電流・アーク電圧，溶接姿勢，予熱，溶接順序，エンドタブ，裏当て金，溶接部の清掃など） 溶接部の受入検査（表面欠陥および精度の検査，完全溶込み溶接部の内部欠陥の検査），溶接部の補修
⑥高力ボルト接合	高力ボルト（トルシア形高力ボルト，高力六角ボルト），高力ボルトの取扱い，接合部の組立，高力ボルトの締付け，締付け後の検査
⑦さび止め塗装	塗料および工法，検査および補修
⑧製品検査・発送	製品検査（一般事項，社内検査，中間検査，受入検査） 製品の仕分け，輸送計画および発送
⑨工事現場施工	建方精度，工事現場接合（高力ボルト接合，現場溶接）
⑩耐 火 被 覆	材料，範囲

また，設計者は施主の代理として建物の施工全般にわたって監理を行う工事監理者となる場合もある．工事監理者は，工事現場や鉄骨製作工場での施工・製作にあたって，あらかじめ作成される施工図や工作図等の図面類，施工・製作に携わる技術者や具体的な施工・製作方法を規定した各種要領書の内容を把握・承認するとともに，工程の途中でも適宜協議や立会いを実施して，所定の品質の確保につとめる．

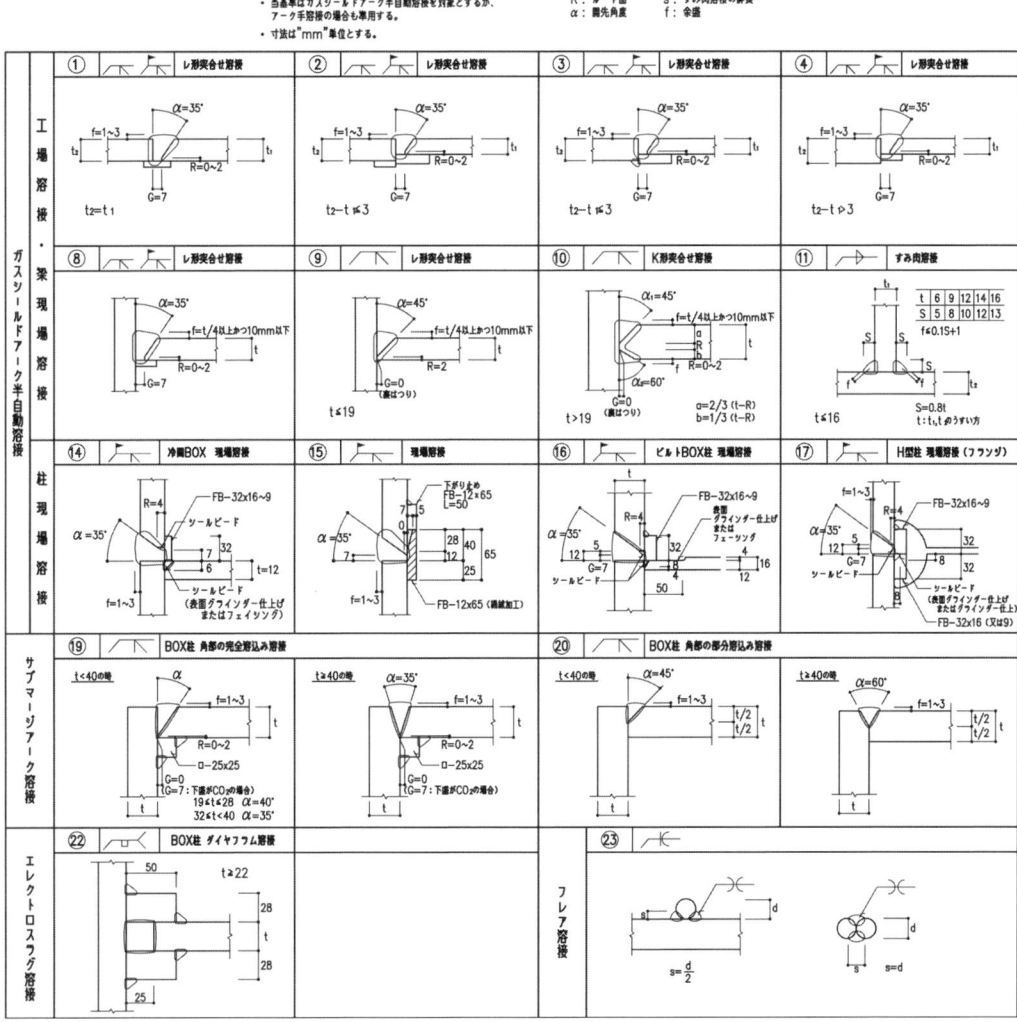

図 2.3　溶接基準図の例

2.2.2　準拠基準類および技術者の資格

構造設計において一般に参照する主な基規準類には，下記のものがある．

・法令：建築基準法および同施行令，建設省・国土交通省告示
・本会：鋼構造設計規準，鋼構造接合部設計指針，鋼構造限界状態設計指針・同解説，建築工事標準仕様書 JASS 6 鉄骨工事，鉄骨工事技術指針（工場製作編，工事現場施工編）

・日本建築センター：冷間成形角形鋼管設計施工マニュアル，建築物の構造関係技術基準解説書，その他各種ガイドラインなど

また，構造設計者が持つべき資格には下記がある．ただし，建物規模や構造に応じて必要資格は異なっている．

・一級および二級建築士：国家資格
・構造設計一級建築士：国家資格

2.3 現場施工

2.3.1 概　　要

（1）施 工 前

施工者は，設計者から提示された図面や仕様書に基づき，現場施工に先だって施工計画を検討・立案する．施工計画の検討にあたっては，図面や仕様書を詳細に検討するだけでなく，設計者と協議し，設計者の意図，目標とすべき品質，工期やコストなどを総合的に判断することが必要である．

施工者は，施工計画書の内容を鉄骨製作業者に伝達し鉄骨製作要領書の作成を指示する．施工者が鉄骨製作業者に伝達すべき主な内容を表2.2に示す．鉄骨製作業者は，これらに基づき，具体的な鉄骨の製作方法，鋼材の調達方法，製作を担当する技術者・技能者のリスト，検査方法の詳細などをまとめた鉄骨製作要領書を作成する．その作成にあたっては，設計者，施工者，鉄骨製作業者で十分に内容を協議し，所定の鉄骨が製作されるよう図ることが大切である．また，施工者および鉄骨製作業者は検査業者とも打合せを実施し，検査のタイミングや内容についても事前に検討する．特に鉄骨製作の途中段階で検査が必要になる項目〔「5.4　検査上の留意点」参照〕については，工程との関連でその実施時期や内容などをあらかじめ要領書に記載することが大切である．

また，施工者は工事現場での施工について，施工要領書を専門業者に作成させる．工事現場での鉄骨の建方は，鉄骨製作業者が実施する場合もあるが，施工者が別途手配する場合もあり，現場ごとに体制は異なっている．

鉄骨製作業者等が作成した鉄骨製作要領書や現場施工要領書は，施工者を通じ工事監理者へ提出され，工事監理者の承認を得る必要がある．鉄骨製作要領書が工事監理者の承認を得て，正式に鉄骨製作が開始される．

工事現場施工管理者は鉄骨の製作に際しては工程上の重要なポイントにおいて適宜立会い検査を実施し，製品の品質確保にあたらなければならない．立会いのタイミングは現場ごとに設定されるが，一般的に原寸検査，鉄骨各節の中間検査（組立て溶接，開先状況）および製品検査（出荷前の製品の寸法，工場溶接部の検査結果の確認，溶接部の外観，現場溶接部の開先，塗装や高力ボルト摩擦面の処理）などが行われている．

（2）施工（建方）

鉄骨製作工場における製作が終わり，鉄骨製品を受け入れるときには受入検査を実施し，所定の品質の鉄骨部材が製作されていることを確認する．受入検査では所定の品質の製品が製作されているかを，材料（ミルシート）や溶接施工条件の記録，実際の製品の精度検査などで確認することが

必要である．

　鉄骨建方において最も重要な事項は，鉄骨の建方精度の確保および接合部の品質確保である．接合部には，基礎との柱脚接合部や柱梁接合部，柱や梁継手があるが，いずれも設計で想定した所定の品質を確保する必要がある．柱脚以外の接合部はほとんどの場合，高力ボルトもしくは溶接で接合される．それぞれ所定の手順で行うことが必要である．特に現場溶接は工場溶接と違い，不安定な足場上での作業であったり，雨風などの天候の影響を受けやすい．そのため，品質確保にあたっては，工場溶接以上の注意が必要であり，仕様書や建方要領書に記載された施工条件を遵守しなければならない．

表 2.2　施工者が鉄骨製作業者へ伝達すべき事項

項　　目	内　　容
①工事範囲	構造図記載の範囲，建築図に記載してある中で特に指定してあるもの（ALC 版の取付金具，鉄骨階段，テラスの柱・梁など）， 設備工事関連（梁貫通スリーブ，補強板）， その他工事の関連（建方用タラップ，建方用吊ピース，建方用親綱フック，ベースプレート，アンカーフレーム，建方用仮ボルト）， 仮設鉄骨（タワークレーン等の補強鉄骨・控え鉄骨，荷取り構台用鉄骨受け金物，工事用エレベーターの補強鉄骨・控え鉄骨，吊足場用受けピース，養生ネット架け用鉄骨）
②工作図の作成	作図期間と承認時期
③工程・工期	建方工程と工期，製作工程上の試験・検査工程と時期
④製品精度	製品精度の設定（本会「鉄骨精度測定指針」），不良品の処置
⑤工場塗装	素地調整，さび止め塗装
⑥製作要領書の作成	作成期間と承認期間
⑦輸　　送	近隣ならびに交通事情による制約，運搬の範囲（建方工事との区分）
⑧試験・検査	ミルシートおよび各種社内検査記録の提出，高力ボルト締付け施工法の確認，高力ボルトのすべり試験・材料試験の実施，溶接技能者技量付加試験の実施，超音波探傷試験の実施，原寸・製品工場検査
⑨工事現場施工	鉄骨建方の相番，鍛冶，高力ボルト締付け，溶接，タッチアップ塗装
⑩安全衛生管理事項	定例会議開催，災害防止協議会など

2.3.2　準拠基準類および資格

　工事現場における鉄骨の施工において一般に参照する主な基規準類を下記に示す．

　　・本会：建築工事標準仕様書 JASS 6 鉄骨工事，鉄骨工事技術指針・工事現場施工編，鉄骨精度測定指針，鋼構造建築溶接部の超音波探傷検査規準・同解説　など

　また，工事現場施工において鉄骨工事の関連技術者が保有するのが望ましい主な資格を下記に示す．

　　・鉄骨工事管理責任者：建築鉄骨品質管理機構
　　・溶接管理技術者（特別級，2級，1級）：日本溶接協会
　　・建築鉄骨超音波検査技術者：日本鋼構造協会

・非破壊試験技術者（レベル3～レベル1）：日本非破壊検査協会

さらに，溶接部の品質を確保するためには，必要な溶接技能資格（JIS資格等）を保有する溶接技能者が作業を行う必要がある．

2.4 鉄骨製作工場
2.4.1 概　要

工場製作においては，施工者から提示された図面などに基づき材料の手配および製品の製作を行う．ただし，製作にあたっては，事前に製作要領書ならびに工作図を作成し，施工者を通じて工事監理者の承認を得る必要がある．

製作要領書に記載される主な項目を表2.3に示す．製作要領書には，工場の設備に応じた製作方法，管理方法，管理体制，検査方法，製作に関わる技術者・技能者の氏名・保有資格などの詳細な情報が記述される．作成にあたっては，設計者の意図や施工計画を的確に把握し鉄骨製作へ反映するために，設計者や施工者と事前に十分な協議を行うことが必要である．なお，詳細については，本会「鉄骨工事技術指針・工場製作編」を参照されたい．

また，工作図は，設計図書に示された意図や施工者からの指示内容を詳細に展開して明示し，製作・建方に対する指示書的役割を果たすものであるから，次に示す内容が盛り込まれている必要がある．

① 鉄骨の伏図，軸組図，部材リストなど
② 鉄骨部材の詳細な形状・寸法・部材符号・製品符号・製品数量・材質など
③ 溶接および高力ボルト接合部の形状・寸法・継手符号・ボルトの種類・等級など
④ 設備関連付属金物・鉄筋孔・仮設金物・ファスナー類など

製作段階においては，溶接部は溶接技能者の技量や溶接電流・電圧，パス間温度といった条件により品質が影響されることに留意し，製作要領書に規定された溶接施工条件により施工されていることや溶接技能者の保有資格を管理する必要がある．

また，建築鉄骨には仮設用のピースやタラップ，外壁カーテンウォール受けなどの構造要素以外の金物が溶接される場合が多い．施工者と事前に情報を共有し，鉄骨製作に反映させることが大切である．構造要素ではない金物であっても，溶接がショートビードになっていたりアークストライクがあれば，本体鉄骨の品質劣化につながるので，慎重に溶接することが大切である．

表2.3 製作要領書記載内容

項　目	内　容
①総　則	・適用範囲，準拠基規準，疑義および変更の処置
②工事概要	・建物概要，工事範囲，構造概要（構造材料種別，接合方法）
③工場組織，設備機械	・組織，担当技術者，担当員，技能者名簿，設備，機械，資格
④材　料	・使用材料，識別，試験，検査
⑤工　作	・工程ごとの製作方法など
⑥検　査	・検査標準および検査方法（方法，個数，時期，報告形式）
⑦その他	・工程表，溶接基準図など

2.4.2 準拠基準類および資格

工場製作において一般に参照する主な基規準類には，以下のものがある．これらは，基本的に工事現場における鉄骨工事で参照すべきものと同様である．

・本会：建築工事標準仕様書 JASS 6 鉄骨工事，鉄骨工事技術指針・工場製作編，鉄骨精度測定指針，鋼構造建築溶接部の超音波探傷検査規準・同解説

鉄骨製作工場において技術者が保有するのが望ましい主な資格としては，以下のものがある．

・1級および2級鉄骨製作管理技術者：鉄骨製作管理技術者登録機構
・溶接管理技術者（特別級，2級，1級）：日本溶接協会
・建築鉄骨製品検査技術者：日本鋼構造協会
・建築鉄骨超音波検査技術者：日本鋼構造協会
・非破壊試験技術者（レベル3～レベル1）：日本非破壊検査協会

鉄骨製作工場においても溶接の品質を確保できることを示す資格として，現場施工と同様，溶接技能者は必要な溶接技能資格（JIS資格）をもっていなければならない．

また，技術者の資格とは別であるが，製作工場自体についても，製作能力に応じて国土交通大臣がS,H,M,R,Jの各グレードを認定する大臣認定制度が設けられている．それぞれのグレードの適用範囲，条件の概要を表2.4に示す．これらは，上級のグレードになるほど工場の生産技術能力が高くなることを意味し，各工場で扱える工事対象建物や鋼材（強度等級および板厚），溶接姿勢に反映されており，設計者や施工者が鉄骨製作工場を指定するときの目安とすることができる．この制度は，現在，(株)鉄骨評価センターと(株)全国鉄骨評価機構の統一基準として運用されている．

表2.4 グレード別の適用範囲の概要（鉄骨製作工場大臣認定性能評価事業から抜粋）

グレード	工事対象建物	鋼材[注1]（強度および板厚）	溶接姿勢
S	全ての建物	全ての鋼材	全て
H	全ての建物	引張強さ 400, 490, 520 N/mm^2 級鋼で板厚 60 mm 以下	下向，横向，立向
M	全ての建物	引張強さ 400, 490 N/mm^2 級鋼で板厚 40 mm 以下	下向，横向
R	5階以下の建築物（延べ床面積 3 000 m^2 以内，高さ 20 m 以下）	引張強さ 400, 490 N/mm^2 級鋼で板厚 25 mm 以下	下向，(横向)[注2]
J	3階以下の建築物（延べ床面積 500 m^2 以内，高さ 13 m 以下かつ軒高 10 m 以下）	引張強さ 400 N/mm^2 級鋼で板厚 16 mm 以下	下向，(横向)[注2]

注1：表に示す鋼材は，「開先をとる場合」の適用範囲である．開先をとらない通しダイアフラムや柱脚ベースプレートの場合には，適用範囲が異なる．
注2：横向については一定の資格・条件を満たす場合に限る．

2.5 検　　査

建築鉄骨の設計・施工では，設計，工場製作，現場施工の各段階で定められた検査が行われ，所定の品質の建築鉄骨が決められた工程どおりに設計・製作・施工されていることが求められる．

設計段階での検査としては，建築基準法に則って特定行政庁の建築主事，もしくは民間の確認検

査機関により建築確認が行われる．建築確認によって建築基準法で規定される品質の建物が設計されているかが検査される．

鉄骨工事に関する検査は，鉄骨製作時の鋼材の材質，部材寸法などの加工精度，工場溶接および現場溶接における溶接施工条件や溶接後の外観や超音波検査，また，工事現場における建方についてはその精度など多岐にわたる．それぞれの検査項目については，検査のタイミングや頻度，検査者（社内検査であるか，受入検査であるか），合否の判定基準などが，設計者の提示する仕様書，建築鉄骨製作要領書，検査要領書等により規定される．また，鉄骨製作の途中で検査することが必要になる部位もあり〔「4.4 品質管理の留意点」参照〕，工事監理者，施工者，鉄骨製作業者と検査技術者が事前に検査のタイミングについて十分な打ち合わせをすることが必要である．

工事監理者，施工者，鉄骨製作業者および検査会社の各担当者は自分の責任範囲を意識して，検査の実施，検査結果の報告および確認，場合によっては必要な対策をする必要がある．

2.6 主な資格の内容

本章では，建築鉄骨の生産に関わる技術者が持つべき主な資格を紹介している．設計，施工，検査の各段階に関わる技術者は，それぞれ必要な資格を保有していることが重要である．ここでは，それらの資格について簡単に説明する．

・一級および二級建築士：国家資格

建物の設計を行う上で一定以上の能力があることを示す資格であり，責任ある立場で設計するには必要不可欠である．設計する建物の種別および規模に応じ必要な資格は異なる．鉄骨造建物を設計する場合，延べ床面積が 300 m^2 を超える場合や建物高さが 13 m を超える場合，もしくは延べ床面積が 1000 m^2 を超え，かつ 2 階建て以上の場合には一級建築士の資格が必要である．また，延べ床面積が 30 m^2 を超える場合には一級建築士または二級建築士の資格が必要である．

・構造設計一級建築士：国家資格

一定規模以上の建築物の構造設計を自ら行うことができ，また，構造設計一級建築士以外の一級建築士が構造設計した建築物に対して，それが建築基準法に基づく構造関係規定に適合するかどうかの確認を行うことができる．一級建築士として 5 年以上構造設計の業務に従事した後，国土交通大臣の登録を受けた登録講習機関が行う講習の課程を修了した者に付与される（2008 年 11 月末施行予定）．

・建築構造士：日本建築構造技術者協会

構造設計者の必須資格ではないが，構造を専門とする設計者の中で一定以上の能力があることを認定する資格である．原則として一級建築士取得後 4 年以上の構造設計実務経験者に対し受験資格が与えられる．なお，構造設計一級建築士の創設に伴い資格の位置づけが見直される見込みである．

・鉄骨工事管理責任者：建築鉄骨品質管理機構

建築鉄骨工事における鉄骨製作発注時の指示や受入検査等の検査，現場工事の管理を適正に行うことができ，あわせてその内容を現場作業者に指導できる能力を認定する資格である．

- 1級および2級鉄骨製作管理技術者：鉄骨製作管理技術者登録機構

　鉄骨加工業務において，設計図書を受領した後の製作計画の立案から，鋼材の加工，組立て，溶接，塗装，発送および現場における製品引き渡し，安全管理に必要な専門知識・基礎知識および対応能力を認定する資格である．

- 建築鉄骨製品検査技術者：日本鋼構造協会

　建築鉄骨工事に関する知識および製品の精度に関する知識を有し，かつ建築鉄骨の材料，形状，精度，溶接部の外観等の検査について，計画の立案，作業の実施および結果の解読ならびに合否の判定ができる知識と技術を有することを認定する資格である．

- 溶接管理技術者(特別級，2級，1級)：日本溶接協会

　鉄骨製作管理技術者が建築鉄骨の製作全般に関する資格であるのに対し，本資格は溶接に関する技術知識と施工および管理に関する職務能力を持った技術者の資格である．資格の対象は建築鉄骨に限らず，造船，プラントの溶接部など多岐にわたる．

- 建築鉄骨超音波検査技術者：日本鋼構造協会

　一定以上の技量を有する超音波検査技術者であることを示す資格である．溶接部の超音波検査を行う場合には，本資格もしくは非破壊試験技術者の保有技術者であることが必須である．

- 非破壊試験技術者（レベル3～レベル1）：日本非破壊検査協会

　一定以上の技量を有する超音波検査技術者であることを示す資格である．溶接部の超音波検査を行う場合には，本資格もしくは建築鉄骨超音波検査技術者の保有技術者であることが必須である．

- 溶接技能者資格：JIS，日本溶接協会

　溶接作業者が一定の技能を持っていることを表す資格であり，溶接対象の板厚や溶接姿勢などに応じ日本工業規格（JIS）に詳細に規定されている．詳細については4.3.1項で述べる．

3章　溶接の基本

3.1　溶接部の要求性能

　構造物の設計では接合部をできるだけ応力の小さい部位に配置するのが望ましいが，その品質や性能が十分に高ければ，力学的な条件の厳しい位置に接合部をもってくることもできる．鋼構造建物の場合，柱継手や梁継手は柱，梁に作用する曲げモーメントが小さくなりやすい位置（反曲点の近く）を狙って配置されている．しかし，柱梁接合部やブレース接合部は，地震時に高い応力を受けて塑性化する部材（梁やブレース）を接合する部分であり，極めて大きな応力を受ける．そのような位置で接合するには，断面欠損を伴うボルト接合よりもコンパクトで耐力，剛性の高い接合部を設計しやすいので，溶接接合を用いることが多い．

　地震動を受けたとき，骨組には図 3.1 (a)の応力が作用する．大きな地震動を受けても倒壊しないために，耐震設計では図 3.1 (b)の梁崩壊型（全層崩壊型）と呼ばれる形で終局を迎えるように構造部材を選択する．図中の ● は鉄骨が降伏して大きく塑性変形する位置で，特にこの部分が大きく曲げ変形して関節のように回転するので塑性ヒンジと呼ばれる．塑性ヒンジは地震エネルギーを多く吸収できるから，建物の全層にわたって梁に塑性ヒンジができるようにしておけば，最も大きなエネルギー吸収能力を持たせることができて，地震による変形を抑制できる．このような崩壊型を実現するために，耐震設計では柱を梁よりも強くする．そうすることで柱は最後まで弾性に留まり，終局に至っても鉛直荷重を支持する能力を失わず，倒壊しない．

　もしも柱が弱ければ，塑性ヒンジは柱の端部に形成され，図 3.1 (c)に示す柱崩壊型（部分崩壊型）で終局を迎えることになる．建物の一部の層の柱だけに塑性ヒンジが集中して形成され，その層だけで地震エネルギーを吸収しなければならないので変形は大きくなり，柱は大きく傾いて倒壊しやすくなる．したがって，このような崩壊型は避けるように設計される．

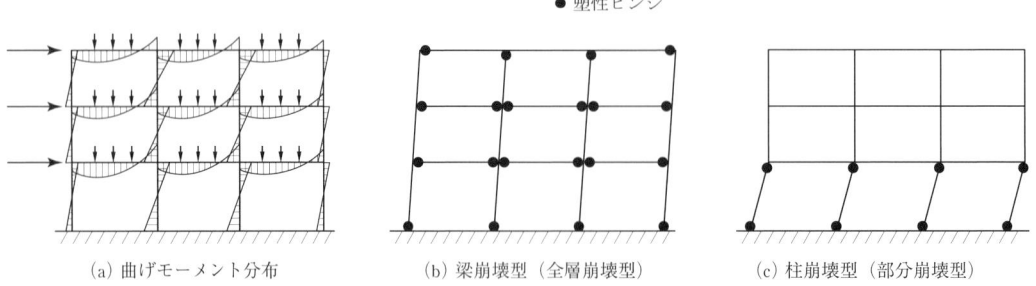

(a) 曲げモーメント分布　　　　(b) 梁崩壊型（全層崩壊型）　　　　(c) 柱崩壊型（部分崩壊型）

図 3.1　地震によるラーメン骨組の崩壊型

通常のラーメン構造の設計では，図3.1(b)のように最下層の柱脚と最上層の柱頭を除けば，梁端あるいは柱梁接合部パネルが塑性化する崩壊型で設計されることが多い．柱梁接合部周辺が塑性化したときの様子を模式的に図3.2に示す．梁の端部のフランジとウェブの一部が，ある大きさの範囲で塑性化する．図3.1(b)の●で塑性ヒンジができると説明した梁の実際の姿は，このような状態である．また，図のように接合部パネルがせん断力で降伏することもある．建物の水平変位の大部分はこの塑性変形によって生じる．図3.2の接合法は現在の柱梁接合部に最もよく用いられる方法である．梁と柱と通しダイアフラムを接合する溶接部は，梁やパネルの塑性化した部材の接する部分に位置し，溶接部を通じて大きな応力を伝える役目を担っている．接合される部材が塑性化しても，溶接部は破断しない強靱なものでなければならない．

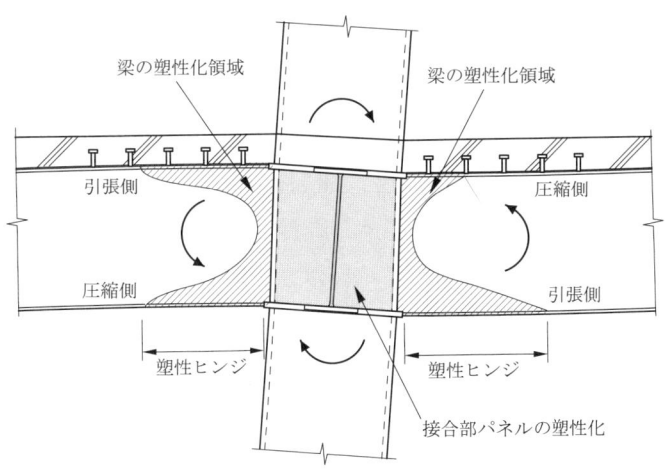

図3.2　柱梁接合部周辺の塑性化

3.2　継手形式と溶接の種類
3.2.1　溶接継目と耐力算定式

溶接継目には完全溶込み溶接，部分溶込み溶接，隅肉溶接の3種類がある．接合される鋼材の大きさや伝える力の種類と大きさによって使い分けられている．直交する板を3種類の溶接で接合したときの，力の伝わり方の違いを図3.3に示す．図3.3(a)の完全溶込み溶接は板の断面の全面にわたって接合されるため，もともと一体であったのと変わらない接合断面が得られ，力の流れは真っすぐとなる．あらゆる力を伝えることができ，大きな引張力を受ける場合にも有効である．図3.3(b)の部分溶込み溶接は板の断面の一部だけ接合されているから，大きな引張力を受ける接合部には使えない．図3.3(c)の隅肉溶接は開先を設けずに板の外面から溶接する方法で，板の接触面では力を伝えず，溶接継目を通って迂回するように力が伝えられる．板厚が大きくなるほど引張力を伝えるには効率が悪くなり，主としてせん断力を伝える接合部に使われる．

以下ではそれぞれの溶接継目の特徴と耐力の算定式について述べる．溶接継目の耐力は溶接材料と溶接条件によって決まるが，母材（接合される鋼材）と同等以上の耐力となるように溶接するのが通常であり，以下の算定式ではこの前提の下で，溶接継目の材料強度は母材の強度を使って計算

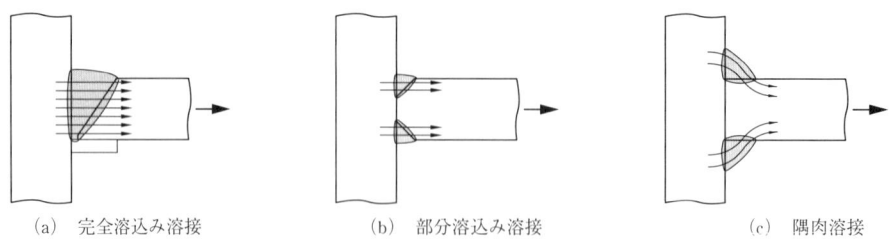

(a) 完全溶込み溶接　　(b) 部分溶込み溶接　　(c) 隅肉溶接

図 3.3　溶接継目の種類と力の流れ

する．なお，溶接継目の耐力算定に関する詳しい規定は【接合指針 2.2.1 項】を参考にするとよい．

（1）完全溶込み溶接

母材の全面を溶け込ませる溶接である．そのために板同士は密着せずに「開先」と呼ばれるみぞを設け，みぞの底まで溶接しやすいように母材の端を斜めに加工する．この溶接継目は，後述の突合せ継手によく使われることから「突合せ溶接」と呼ばれることもあるが，「突合せ」は継手形式の呼び名のひとつであり，溶接継目の呼び方としては正しくない．完全溶込みは，英語で complete joint penetration（略して CJP）と呼ばれるが，full penetration とも呼ぶので「フルペネ（F.P.）」と称されることがある．

開先の形状は図 3.4 に示すようにさまざまであるが，建築鉄骨では板の両面から溶接できない場合が多いので，片面からの溶接で，また一方の板の開先加工だけで済む，レ形開先がよく使われる．それ以外に片面から溶接する方法としてV形開先もあるが，開先加工数が増えるため角溶接などの限られた部分にしか使われていない．片面からの溶接では，開先の底に「裏当て金」と呼ばれる当て板を設けることが多い．また，母材が厚い場合はひずみの偏り防止や溶接量を少なくするためにK形開先を用いることもある．この場合は裏当て金を用いないで，先に溶接した側と反対側の溶接をするときに，底の部分をはつり落としてから溶接を重ねる．これを「裏はつり」と呼ぶ．これらの溶接方法や開先の詳細については，3.4 節に説明されている．

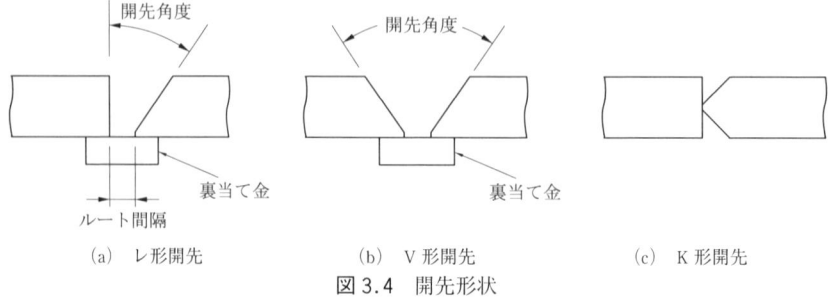

(a) レ形開先　　(b) V形開先　　(c) K形開先

図 3.4　開先形状

完全溶込み溶接による継目の耐力は接合される母材断面と同等であり，(3.1)～(3.4)式により算定される．これらの耐力は溶接の単位長さあたりの強さで表されるので，これに溶接線の有効な長さを掛ければ，その溶接線全体の耐力が得られる．溶接継目の耐力上，有効な断面の大きさは「有効のど厚」によって決まり，その大きさは図 3.5(a)に示すように母材の板厚と等しくとる．母材の板厚が異なる場合は薄い方の母材の板厚とする．また，母材の強度が異なる場合は，弱い方の母

材の降伏強さ，引張強さとする．

完全溶込み溶接はあらゆる応力に対して母材と同等の耐力を保有することができる接合法である．溶接の品質が安定していない初期の頃は，1章（図1.2）で述べたように溶接継目の設計耐力は母材よりも低く設定されていて，あて板などの補強が必要であったが，溶接材料や溶接機器の性能が向上したことから現在の規定となっている．その耐力を得るには母材と溶接材料の性能，溶接部の詳細，溶接条件，技量などさまざまな条件が適切でなければならない．詳しくは4章，5章で説明されている．

軸方向耐力

$$_wp_y = a \cdot F_y \tag{3.1}$$

$$_wp_u = a \cdot F_u \tag{3.2}$$

$_wp_y$：完全溶込み溶接継目の単位長さあたりの降伏軸方向耐力

$_wp_u$：完全溶込み溶接継目の単位長さあたりの最大軸方向耐力

a　：溶接継目の有効のど厚で，接合される母材の薄い方の板厚（図3.5）

F_y：接合される母材の降伏強さ

F_u：接合される母材の引張強さ

せん断耐力

$$_wq_y = a \frac{F_y}{\sqrt{3}} \tag{3.3}$$

$$_wq_u = a \frac{F_u}{\sqrt{3}} \tag{3.4}$$

$_wq_y$：完全溶込み溶接継目の単位長さあたりの降伏せん断耐力

$_wq_u$：完全溶込み溶接継目の単位長さあたりの最大せん断耐力

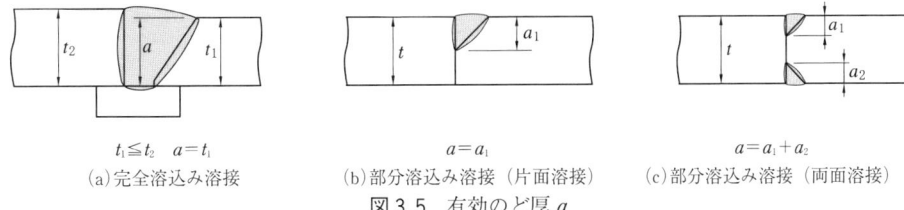

(a) 完全溶込み溶接　　$t_1 \leqq t_2$　$a = t_1$
(b) 部分溶込み溶接（片面溶接）　$a = a_1$
(c) 部分溶込み溶接（両面溶接）　$a = a_1 + a_2$

図3.5　有効のど厚 a

(2) 部分溶込み溶接

母材断面の一部だけ開先を設けて溶け込ませる溶接である．完全溶込み溶接よりも開先加工と溶接量は少なく施工コストが低いのが利点である．英語で partial penetration と呼ぶので「パーシャル（P.P.）」と称されることもある．圧縮を受ける場合には接合面の全面で力を伝えられるが，それ以外の力に対しては母材よりも力を伝える断面が小さく，耐力も低くなる．

部分溶込み溶接には，片面溶接と両面溶接があり，応力の作用方向によりどちらかを選択する．片面溶接は，溶込みのない側に曲げや偏心荷重による付加曲げなどが生じるので，引張応力が作用する箇所には用いることができない．通常，引張応力の作用しないベースプレートやピン柱脚の接

合，箱形断面柱の角継手で柱梁接合部を避けた中間部，圧縮軸力が作用することが明らかな柱継手など，使用される部位は限られている．

部分溶込み溶接継目の耐力算定式は完全溶込み溶接と同じ(3.1)式～(3.4)式である．ただし，有効のど厚は図3.5(b)，(c)に示す大きさとする．なお，被覆アーク溶接〔手溶接，3.4節参照〕によるレ形またはK形開先の場合は，ガスシールドアーク溶接と比べて溶込みが浅いので，開先の深さから3mmを差し引いた値を有効のど厚とする．

(3) 隅肉溶接

開先を設けずに溶接する方法で，交差して接する母材の入隅部に外面から溶接する場合が多い．英語では fillet weld と呼ばれる．隅肉溶接の場合は，溶接線の方向と力の作用方向の組合せによって図3.6(a)～(c)に示す3種類の分類がある．図3.6(a)の側面隅肉溶接では溶接線は力の作用方向と平行であり，この場合は溶接継目にはせん断応力が作用する．図3.6(b)の溶接線が力の方向と直交する場合を前面隅肉溶接と呼び，図3.6(c)の側面と前面の中間で力の作用線が斜めの場合を斜方隅肉溶接と呼ぶ．前面隅肉や斜方隅肉の場合は，溶接継目にはせん断応力と軸方向応力の組合せ応力が作用し，力の作用方向によって耐力が変化する．同じ溶接継目であれば前面隅肉の場合が最も耐力が高い．

また，図3.6(d)，(e)に示すように，母材の片側だけから溶接した片面隅肉と，両側から溶接した両面隅肉の区別がある．図3.6(f)はひとつの溶接線に前面隅肉と側面隅肉の両方が使われる場合でこれを併用隅肉溶接と呼ぶ．

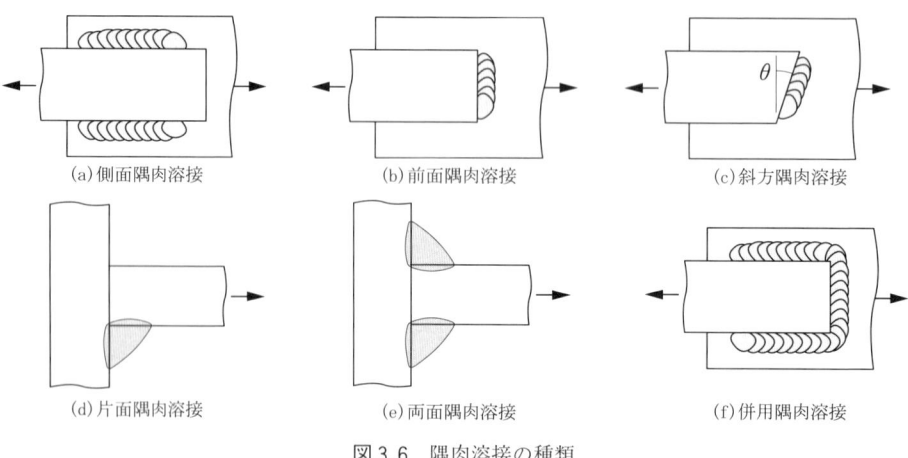

図3.6　隅肉溶接の種類

【接合指針】の規定では，隅肉溶接継目の降伏耐力は(3.5)式，最大耐力は(3.6)式による．θは図3.6(c)の力の作用方向に対する溶接線の方向で，$\theta=0°$のときは前面隅肉であり，$\theta=90°$のときは側面隅肉である．θが小さいほど耐力が大きくなり，前面隅肉は側面隅肉の1.4倍となっている．なお，【S規準】や法令ではθの値にかかわらずの$0.4\cos\theta$の項を考慮しないので，$\theta<90°$の場合に(3.5)式よりも過小評価となる．溶接線全体の耐力は単位長さあたりの耐力に溶接継目の

有効長さを掛ける．隅肉溶接の場合，溶接線の始端，終端では中間部よりもサイズが小さくなるので，この部分は耐力の算定から除外する．したがって，有効長さは溶接線の全長からサイズの2倍を減じた値とする．

$$_wq_y = (1+0.4\cos\theta)a\frac{F_y}{\sqrt{3}} \tag{3.5}$$

$$_wq_u = (1+0.4\cos\theta)a\frac{F_u}{\sqrt{3}} \tag{3.6}$$

$_wq_y$ ：隅肉溶接継目の単位長さあたりの降伏せん断耐力

$_wq_u$ ：隅肉溶接継目の単位長さあたりの最大せん断耐力

a ：溶接継目の有効のど厚（図3.7）．$a = S\cos(\varphi/2)$
母材の角度が直角の場合は $a = 0.7S$ とする．

S ：隅肉のサイズ（図3.7）

φ ：母材間の角度（図3.7）．60°から120°の範囲とする．

θ ：力の作用方向に対する溶接継目の角度（図3.6）

隅肉溶接の有効のど厚は図3.7に示す値とする．隅肉溶接の余盛が母材と接する長さを脚長と呼び，溶接継目の断面に内接する直角二等辺三角形の辺の長さをサイズと呼ぶ．2辺の脚長が等しい場合を等脚隅肉と呼び，異なる場合は不等脚隅肉とよぶ．不等脚の場合，サイズ S は脚長が短い方の辺の長さに基づいて決め，脚長の長い分は有効と考えない．耐力算定に使う有効のど厚は，母材が直角に接合される場合はサイズの0.7倍とする．直角でない場合は，母材の間の角度に応じて変わる．

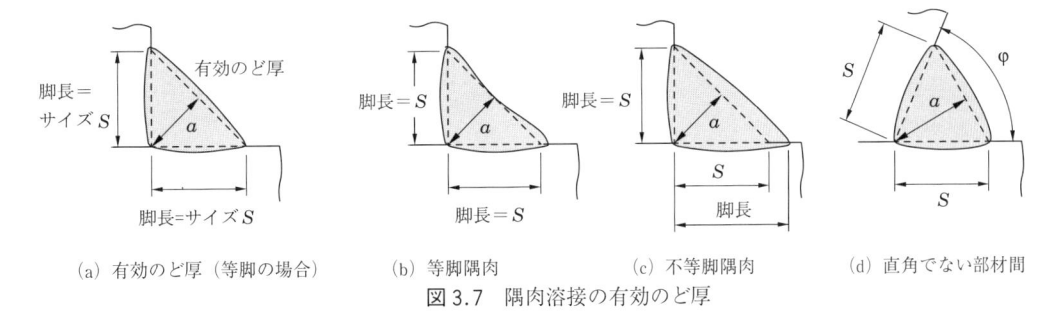

(a) 有効のど厚（等脚の場合)　(b) 等脚隅肉　(c) 不等脚隅肉　(d) 直角でない部材間

図3.7 隅肉溶接の有効のど厚

隅肉溶接には次の留意点がある．(1) 軸方向力を受ける材の重心軸と隅肉溶接継目の重心を一致させ，一致しない場合は偏心による影響を考慮して設計する．(2) 隅肉溶接のサイズは，薄いほうの母材の厚さ以下とする．ただし，T継手で板厚が6mm以下の場合は，隅肉のサイズを薄いほうの板厚の1.5倍，かつ6mm以下まで増すことができる．板厚が6mmを超える場合は，隅肉のサイズは4mm以上，かつ $1.3\sqrt{t}$（mm）以上とする．ここで t（mm）は厚いほうの母材の板厚である．ただし，隅肉のサイズが10mm以上である場合はこの限りではない．(3) 隅肉溶接の長さはサイズの10倍以上で，かつ40mm以上を原則とする．(4) 側面隅肉溶接の有効長さが有効のど厚の150倍を超えるときは応力の不均等分布を考慮して耐力を低減する．その評価法は【接合指針2.2.1項】

3.2.2 溶接継手

溶接継手には図3.8に示す種類がある．継手の種類によって使える溶接継目は限られており，また，継手によって応力伝達方法が異なるため，建築鉄骨において使用される部位もそれぞれ異なる．

突合せ継手は，母材の断面を突き合わせる継手で，完全溶込み溶接，部分溶込み溶接のいずれも使われる．板継手と呼ばれることもある．母材の軸方向力，せん断力，曲げモーメントを伝達できる．柱継手，梁継手，通しダイアフラムと梁フランジの接合などに使われる．

T継手は，直交する板の接合に使われ，完全溶込み溶接，部分溶込み溶接，隅肉溶接のいずれも使われる．柱梁を剛接合とするとき，梁のフランジを柱に接合する箇所では完全溶込み溶接，梁ウェブを柱に接合する箇所では両面隅肉溶接によるT継手が使われる．またスチフナやシヤープレート，ガセットプレートの接合にも両面隅肉溶接によるT継手が使われることが多い．板厚や応力が大きい場合は開先を設けた溶接によるT継手が使われる．また，溶接組立H形鋼のフランジとウェブの接合はサブマージアーク溶接によるT継手となる．

十字継手は，挟み板を介して板同志を突き合わせて接合する継手である．柱フランジを挟んでダイアフラムもしくは水平スチフナと梁フランジを接合する部分，通しダイアフラムを挟んで上下の柱フランジが接合される部分などが十字継手となる．ラーメン構造の場合は完全溶込み溶接とすることが多い．

角継手は，溶接組立柱の角部に使われる継手で，完全溶込み溶接が用いられる．柱梁接合部から離れた部分だけを部分溶込み溶接とする場合もある．

重ね継手は，突合せ継手を完全溶込み溶接とせずに，板厚方向にずらせて重ね合わせ，隅肉溶接で接合する継手である．

当て金継手は，突合せ継手に当て金と呼ばれる板を添える継手で，当て金は両面から当てられ，母材とは隅肉溶接で接合される．

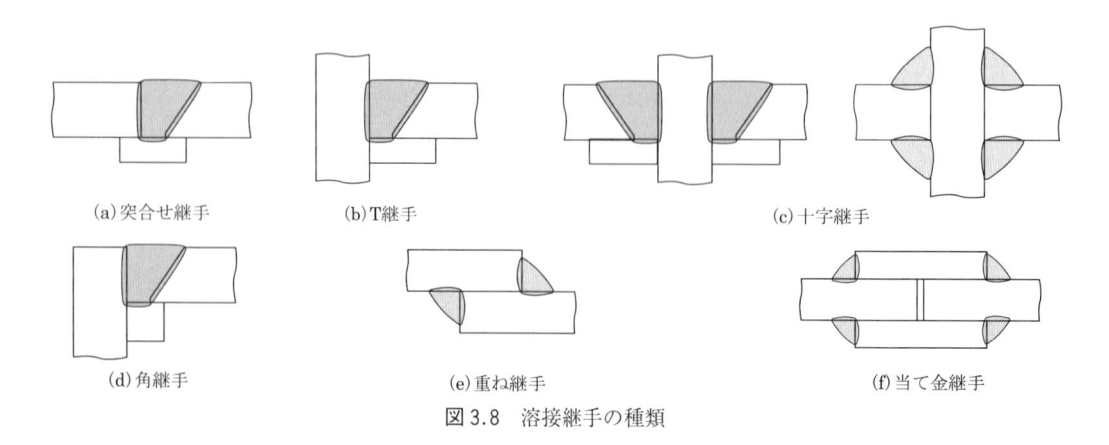

(a) 突合せ継手　(b) T継手　(c) 十字継手
(d) 角継手　(e) 重ね継手　(f) 当て金継手

図 3.8　溶接継手の種類

併用継手（図3.9）は，高力ボルト摩擦接合と隅肉溶接を併用する継手である．高力ボルトあるいは隅肉溶接の一方だけでは耐力が不足する場合に用いられる．高力ボルトを先に締め付けた場合，高力ボルト接合と溶接接合の耐力を累加することができる．詳しくは【接合指針2.3節】に説明されている．

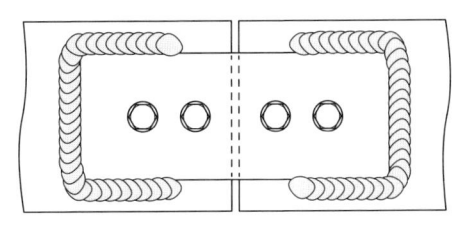

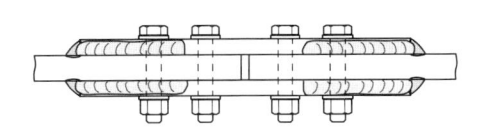

図3.9　溶接接合と高力ボルト接合の併用継手

3.2.3　溶接記号

設計図で溶接の内容を指示するために用いる溶接記号が定められている（JIS Z 3021-2000）．建築鉄骨でよく用いられる代表的な溶接記号を図3.10に示す．完全溶込み溶接と部分溶込み溶接は同じ記号を使い，部分溶込み溶接は記号中の指示で開先の深さを示す．溶接記号の原則として，溶接を行う位置を矢で指定し，開先加工する部材の面に矢を向ける．基線は開先加工する部材の側に記し，基線の下側の情報は矢の側の溶接，上側の情報は矢の反対側の溶接に関する指示を表す．

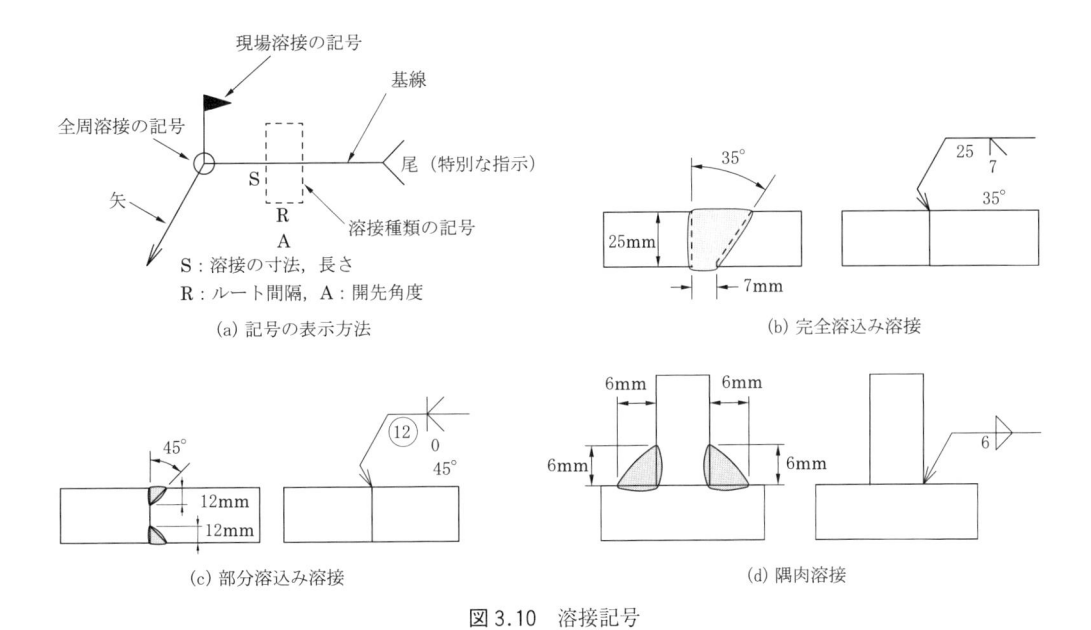

(a) 記号の表示方法
(b) 完全溶込み溶接
(c) 部分溶込み溶接
(d) 隅肉溶接

図3.10　溶接記号

3.3　標準的な溶接詳細
3.3.1　溶接と継手の種類

溶接接合部の設計では，接合される構造部材や要素に作用する応力の種類と大きさ，塑性変形の有無，変形の大きさなどの条件を考えて，その接合に適した溶接継目や溶接継手の種類を選び，ま

た，母材と溶接材料の強度と種類，開先を設ける場合はその種類や大きさ，スカラップ，エンドタブ，裏当て金などの補助材の扱いを決める．これらの溶接に関連する事項を総じて溶接詳細（溶接ディテール）と呼ぶ．

一般的なラーメン構造の建築鉄骨の場合，接合される部材の種類と断面形状が決まれば，接合部に作用する応力の種類や作用方向は共通することが多い．そのような接合部は構造性能と施工性の条件を満足するように設計すれば，おのずとひとつの決まった形になる．表3.1に，このような一般的な接合部に用いられる溶接方法や溶接継手の種類と，そこで伝えられる主な力をまとめて示す．これらの共通点として，塑性化する可能性のある部材，すなわち梁やパネルの接合部には，完全溶込み溶接が使われることが多い。なお，本書の5章では柱梁接合部，6章ではブレース接合部について，標準的な設計と施工を詳しく説明している．

表3.1 主な接合部に用いられる溶接と継手の種類

溶接継手	溶接種類	主な接合部※	継手が伝える主な力
突合せ継手	完全溶込み溶接	柱と柱、梁と梁 通しダイアフラムと梁フランジ(1)	曲げによる軸方向力
	部分溶込み溶接	柱と柱（圧縮のみ）	軸力または曲げ圧縮力
T継手	完全溶込み溶接	柱スキンプレートと梁フランジ(2)	曲げによる軸方向力
		ガセットプレート，スチフナ	せん断力または軸力
	部分溶込み溶接	ガセットプレート，スチフナ	せん断力または軸力
	隅肉溶接	柱と梁ウェブ・シヤープレート(3)	せん断力と曲げモーメント
		ガセットプレート，スチフナ 溶接組立H形鋼のフランジとウェブ	せん断力
十字継手	完全溶込み溶接	柱・パネルと通しダイアフラム(4) 柱と梁フランジ・水平スチフナ(5)	曲げによる軸方向力とせん断力
	部分溶込み溶接	スチフナ	せん断力
	隅肉溶接	スチフナ	せん断力
角継手	完全溶込み溶接	溶接組立箱形断面柱の角部(6)	せん断力
	部分溶込み溶接		

［注］※（ ）の数字は図3.11〜図3.13の該当する接合部を示す

3.3.2 標準的な柱梁接合部の溶接詳細

柱梁接合部を例に，標準的な溶接詳細を示す．柱などの主要部材の断面形状や，溶接を行う場所が工場か工事現場かといった施工状況などの条件によって接合や溶接のディテールが決まる．溶接は下向か横向の姿勢〔詳細は4.3節〕で実施できるように設計するのが原則で，立向や上向はできるだけ避ける．工場で溶接する場合は鉄骨を回転させれば下向で溶接できるが，現場では建方で部材が設置された向きにあわせて溶接姿勢が決まるため，工場溶接とは開先の取り方などの溶接詳細が異なってくる．

（1）工場溶接

図3.11に角形鋼管柱の場合，図3.12にH形鋼柱の場合の標準的な溶接詳細を示す．

角形鋼管柱の場合は，梁フランジが接合される位置に通しダイアフラムが設けられ，柱とパネルに十字継手の完全溶込み溶接で接合される．梁のフランジはこの通しダイアフラムと突合せ継手の

完全溶込み溶接で接合される．梁フランジの開先は H 形鋼の外側に向けて設けられ，これを外開先と呼ぶ．この接合形式の場合，先にパネルと通しダイアフラムを接合しておき，柱を接合する前に鉄骨を回転させて常に下向の姿勢で梁フランジと通しダイアフラムを接合する方法が取られる．そのため上下のフランジとも外開先となる．梁ウェブは柱に T 継手の両面隅肉溶接で接合される．

H 形鋼柱の場合は，梁フランジが接合される位置に水平スチフナが設けられ，柱には完全溶込み溶接で接合される．この水平スチフナ形式は，通しダイアフラム形式のように柱を切断する必要はなく，溶接量も少ない．梁フランジは柱フランジに完全溶込み溶接で接合される．このとき，工場溶接では柱を水平に寝かせ，梁を鉛直方向に立てるのでこの溶接は横向の姿勢となる．開先は前述の角形鋼管柱の場合と同じく外開先となる．柱フランジを挟んで，梁フランジと水平スチフナが両側から接合される箇所の溶接継手は十字継手となる．梁ウェブはT継手の両面隅肉溶接で柱に接合される．本書では，これらの工場溶接による柱梁接合部について 5 章で詳細に解説している．

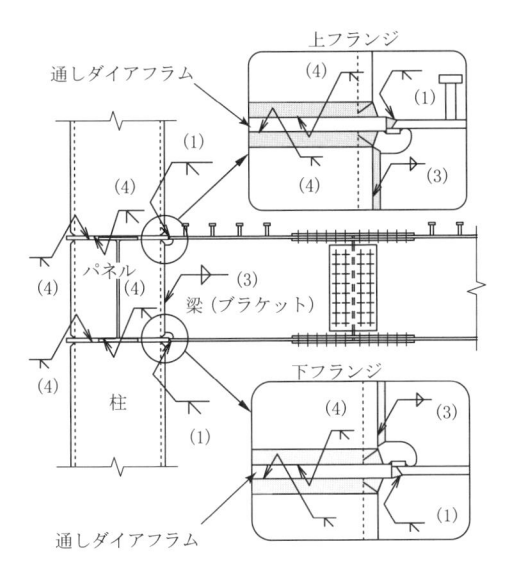

図 3.11　角形鋼管柱の工場溶接による溶接詳細
（梁貫通形式，括弧内の数字は表 3.1 に対応）

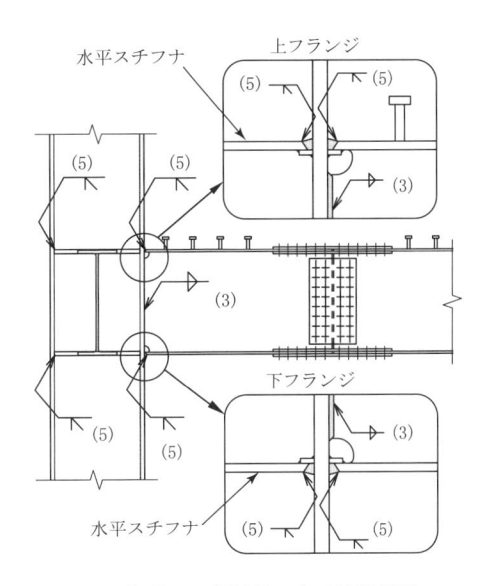

図 3.12　H 形鋼柱の工場溶接による溶接詳細
（柱貫通形式，括弧内の数字は表 3.1 に対応）

（2）現場溶接

図 3.13 に現場溶接の例を示す．柱は溶接で組み立てられた箱形断面で，梁フランジが接合される位置に内ダイアフラムがエレクトロスラグ溶接で接合されている．梁の接合方法は，フランジを溶接接合とするが，工事現場で溶接するので，建方途中の梁と柱を所定の位置に固定するためにウェブは高力ボルトによる摩擦接合とする．そのためのシヤープレートが両面隅肉溶接であらかじめ柱に接合される．この接合形式はボルトと溶接を使うので「混用接合」と呼ばれることもある．工事現場では，まず梁ウェブを高力ボルトで接合した後に，梁フランジ溶接部に裏当て金とエンドタブを組立て溶接で取り付けてから，本溶接が実施される．このとき下向の姿勢とするために，上フランジは外開先であるが，下フランジは内開先（ウェブのある内側に開先が開く）となる．したがって，下フランジの溶接は，溶接線の中央で梁ウェブが障害物となるため途中で分断され，欠陥が発

生じやすくなることと，作業性の点で不利な条件となる．梁ウェブに設けられるスカラップはできるだけ溶接の障害とならないように通常より大きくとられるので，接合部でのウェブの断面欠損が大きくなる．また，下フランジの外面側に裏当て金が設けられて，裏当て金と柱フランジの間のノッチが，梁の曲げ応力が最大となる箇所に位置する．このように力学的に不利な条件が下フランジに集中する．さらに床スラブとの合成梁効果により下フランジは上フランジよりも曲げによる引張応力が大きくなりがちであり，これも下フランジの溶接部に不利な条件となる．

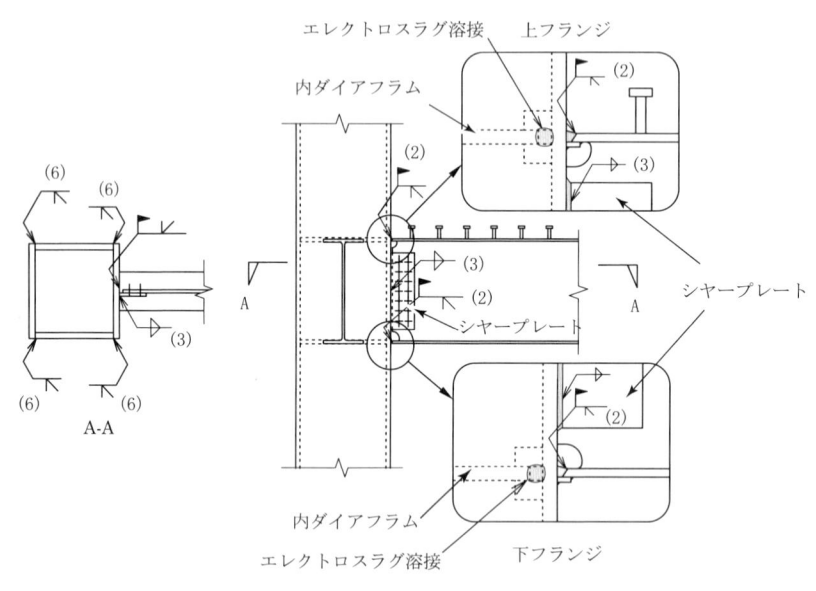

図 3.13　箱形断面柱の現場溶接による溶接詳細
（柱貫通形式，括弧内の数字は表 3.1 に対応）

このような多くの不利な条件に対処するために現場溶接は工場溶接よりも高い溶接品質が求められ，しかもそれを作業環境が整いにくい工事現場で実施しなければならないため，溶接の技量と管理には工場溶接よりも高度なレベルが要求される接合形式となる．現場溶接の採用にあたってはこの溶接詳細特有の問題に対処しなければならない．具体的には，例えば，梁端のフランジに補強プレートを溶接して断面積を大きくし，梁の曲げによる応力を低減するなどの方法がある．この場合には，補強プレートの溶接にはさらにレベルの高い管理が要求され，また入念な検査が必要となる．現場溶接が一般的な米国の場合では，フランジ溶接部から少し離れた位置で，ドッグボーンと称して梁のフランジの一部を円弧状に切り取って幅を小さくした領域を設け，塑性変形をそこだけに発生させて溶接継目の負荷を低減させたり，あるいは，フランジ溶接部の裏当て金をはつり落として 2 パス以上の上向き溶接で補強したものだけを全強と認める，などの対応がされている．

　本書では以後の説明では工場溶接を対象とし，現場溶接には触れていない．現場溶接のさらに詳細な技術情報は【技術指針・現場 6 章】を参照するとよい．

3.4 溶接方法
3.4.1 溶接の基本知識

　溶接は接合しようとする母材の間を加熱溶融させた母材と溶接材料（溶接棒や溶接ワイヤ）からなる溶接金属で満たし，これを凝固させて接合する．その熱源にアーク熱を利用する方法をアーク溶接と呼ぶ．アーク溶接の原理を図3.14に示す．アーク熱は母材と溶接材料の間に発生するアーク（放電）現象によって発生し，その温度は5000～6000℃に達する．シールドガスの中でアーク（放電）を発生させ，溶融された溶接材料が接合部へ溶け落ち，溶融した母材と混ざった溶接金属が溜まって溶融池を作る．溶接金属が大気と触れると欠陥が発生するため，溶接金属と外気を遮断する目的でシールドガス（一般的には炭酸ガス）が用いられる．また，溶接材料には溶接部を健全に保つためにさまざまな添加元素が含まれている．これらの元素やシールドガスと反応した酸化物などが溶接金属表面に浮き上がり，膜状に凝固したものがスラグである．また，溶接材料が溶融池に落ちたときに一部の溶融金属が小さな塊となって周囲に飛散する．これをスパッタと呼ぶ．

　図3.15に完全溶込み溶接の状況を模式的に示す．アークをスタートさせた始端と，アークを終了させた終端をまとめて「始終端部」と呼ぶが，これは溶接欠陥を発生しやすい箇所である．溶接を始端から終端へ1回行うことを「パス」と呼び，その結果形成される溶接金属を「ビード」と呼んでいる．1パスの溶接の中で，溶接棒をビードの幅に相当する分，図3.15にジグザグの線で示すように，左右に動かしながら溶接方向へ動かして所定のビード幅を得る．この溶接棒の運棒を「ウィービング」と呼ぶ．ウィービングは溶接金属の充填状況を左右する重要な動きであり，溶接品質を左右する．一般的に溶接継手は複数の層に分けて溶接を重ねて製作するので，これを多層盛り溶接と呼ぶ．

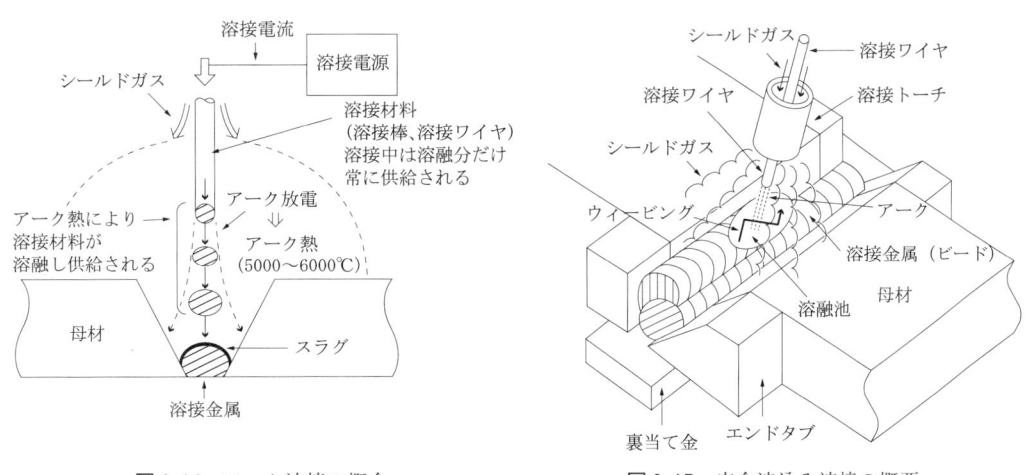

図3.14　アーク溶接の概念　　**図3.15　完全溶込み溶接の概要**

　溶接継目は図3.16に示すように材質の違いで溶接金属，熱影響部，母材に区分される．熱影響部は溶接熱により材質が変化した母材を指し，英語ではheat affected zone，略してHAZ（ハズ）と呼ぶ．溶接金属と熱影響部の境界をボンド部と呼んでいる．一回の運棒によって作られる部分をパスと呼び，同じ階層を形成するパスの集まりを層と呼ぶ．また，最初に施工する層を初層，最終

の表面側の層を表層と呼ぶ．図の1～2層のように初層から幾層かの間は開先の間隔が狭いのでひとつの層が1パスで形成される．これを1層1パスと呼ぶ．上の層になるほど開先の間隔が広くなるので，ひとつの層を複数のパスに分けて溶接する．これを1層多パスと呼ぶ．層とパスで構成される溶接継目の構造を積層と呼び，図3.16の積層の場合は4層6パスの溶接と呼ぶ．

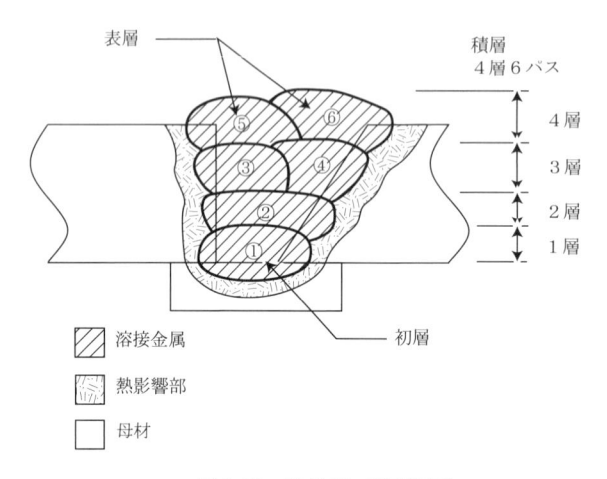

図3.16 溶接部の断面概要

　溶融した金属をアークで撹拌して十分，母材に溶け込ませることにより，しっかりとした溶接ができる．そのためには十分な入熱量を確保して母材温度を上げねばならないが，必要以上に母材の温度を上げ過ぎたり，入熱量が多すぎると溶接金属や母材の性能が低下するなどの弊害が生じる．したがって，過剰にならない程度の入熱量で十分な溶込みを得ることが必要で，そのためにはできるだけ1層多パスで溶接するのがよい．

　アーク溶接では，溶融現象に関係する母材，溶接材料（溶接棒，溶接ワイヤ，フラックスなどの添加材），シールドガスなどの種類や溶接条件（アークを発生させる電流・電圧など）により特有の冶金現象が起こり，溶接部の性能を決定することになる．

　溶接ビードの形状は，溶接部の溶込みの深さや応力分布を決定する重要な溶接品質でもある．溶接ビードの外観・溶込み形状は溶接条件によって大きく左右される．溶接条件の変動によるビード形状の変化を図3.17，3.18に示す．溶接電流は主に溶込み深さに影響し，電流が高いほど溶込みが深くなる傾向にある．アーク電圧は主にビード幅に影響し，電圧が高いほどビード幅が広くなる．具体的な溶接条件については4.3.1 (3)に詳しく述べられている．

　溶接のために使用する補助材の代表的なものに図3.15に示すエンドタブと裏当て金がある．欠陥が発生しやすい始終端を，継手として必要な部分の外側へ逃がすために，始端と終端にエンドタブと呼ばれる補助材を取り付ける．裏当て金はルート側で溶接金属を受ける補助材で，溶接後は溶接金属と一体となって継手を形成する．詳しくは4.3.1項で述べる．

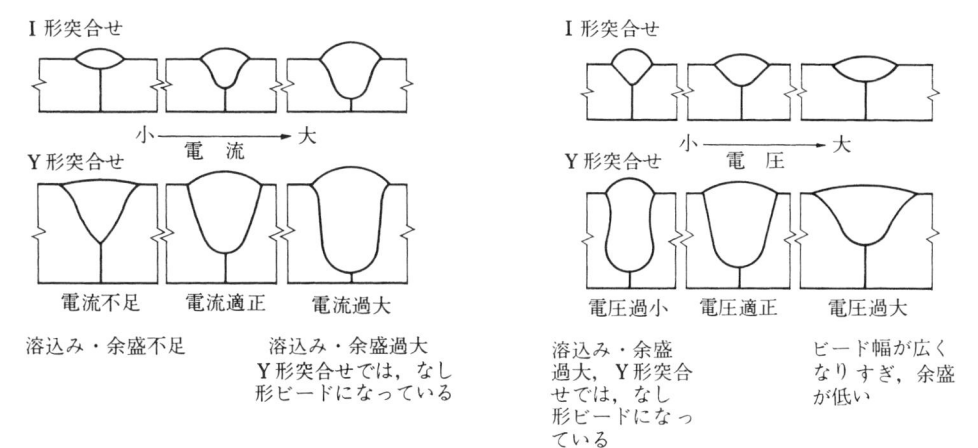

図 3.17 溶接電流がビード形状に及ぼす影響[3.1]　　図 3.18 アーク電圧がビード形状に及ぼす影響[3.1]

3.4.2 被覆アーク溶接

　アーク溶接の最も初期から使われている溶接方法である．その概略を図 3.19 (a) に示す．被覆材（フラックス）を塗った溶接棒（電極）と母材との間に電圧をかけるアーク溶接法である．溶接棒の被覆材には溶接金属を大気から保護するためのガス発生剤や，スラグ生成材，アーク安定剤および溶接金属の酸素による気孔（ブローホール）発生を防止する脱酸剤などが含まれている．建築鉄骨ではガスシールドアーク溶接が主流であり，被覆アーク溶接は溶接長の短い小物類，組立・仮付けおよびビード外観の補修などに使用されているに過ぎない．この溶接法は直接，手で溶接棒をはさんだホルダーを操作することから手溶接とも呼ばれている．図 3.19 (b) に溶接機の構成を示す．

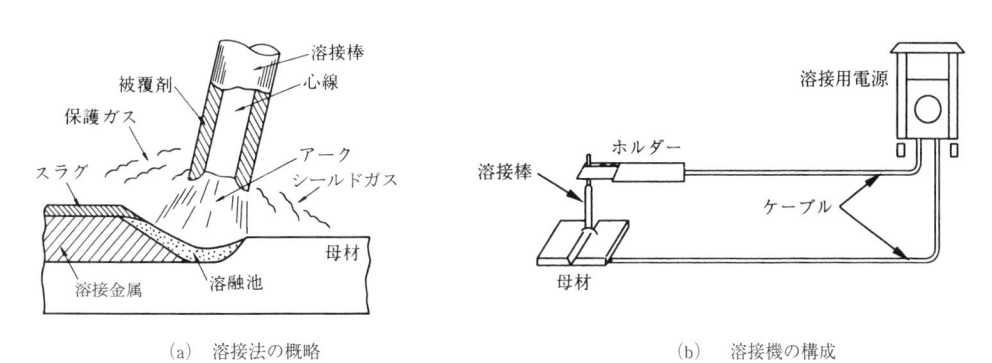

(a) 溶接法の概略　　(b) 溶接機の構成

図 3.19 被覆アーク溶接法[3.1]

　この溶接法の長所は，信頼性の高い溶接が手軽にできること，溶接設備費が安価であることが挙げられる．一方，短所として，溶接品質が溶接技能者の技能によるところが大きく，半自動溶接・自動溶接法に比べて溶着速度が遅く，また，頻繁に溶接棒を交換するために溶接の中断回数が多いなど，能率が劣る．溶接に際しては，鋼種，板厚，開先形状，溶接姿勢，要求品質および能率性などから最適な溶接棒（種類，棒径など）と溶接条件（電流，電圧，溶接速度など）を決定する．

3.4.3 ガスシールドアーク溶接

シールドガスを供給し，モータ駆動で連続供給される溶接ワイヤと母材との間にアークを発生させる溶接方法である．能率が高く最もよく用いられる溶接法であり，適用範囲はほとんどの部位の隅肉溶接，柱－柱，柱－梁などの突合せ継手の完全溶込み溶接など，広範囲である．溶接法の概略を図3.20（a）に示す．主に建築分野ではソリッドワイヤによる炭酸ガスシールドアーク溶接法が行われている．図3.20（b）に溶接機の構成を示す．

長所として，①細径ワイヤ（1.2〜1.6mm）で大電流を流すために溶着速度が速く生成スラグ量が少ないために溶着効率が高くて経済的である，②被覆アーク溶接のように溶接棒の取替えが不要で連続溶接が可能である，③スラグ生成量が少なくスラグ除去などが不要となることもあり自動化が容易である，④溶着金属の拡散性水素量が少ないために耐低温割れ性能に優れている，などが挙げられる．

また，短所として，①風によりシールドガスが乱されやすく通常風速が2m/sec以上あるときは防風対策が必要となる，②ビード外観・形状がほかの溶接法に比べると劣り，また大電流域で溶接するためにスパッタ発生量が多い，などが挙げられる．

ガスシールドアーク溶接法は，溶接条件によってビード外観，溶接作業性および溶接金属の機械的性質などの特性が大きく変化する．使用目的により適正なワイヤと溶接条件を選択することが重要である．

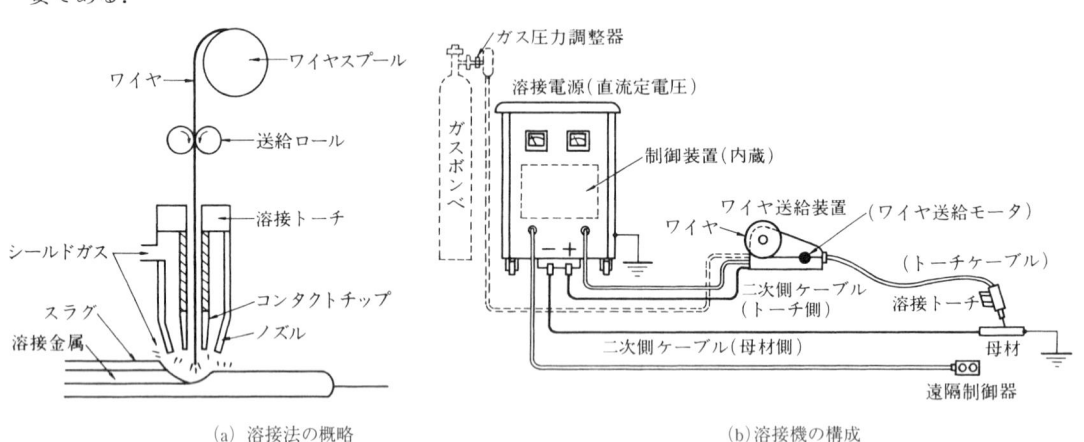

(a) 溶接法の概略　　(b) 溶接機の構成

図3.20　ガスシールドアーク溶接法[3.1)]

3.4.4 サブマージアーク溶接

コイル状に巻かれたワイヤの先端と母材との間にアークを発生させ，連続供給される粒状の溶剤（フラックス）でアークと溶接金属を完全に覆い，大気を遮断して行う自動溶接法である．図3.21に概要を示す．建築鉄骨では溶接組立H形鋼の製作，十字柱などの隅肉溶接や，溶接組立柱の角継手などの長尺継手に使用される．この溶接方法の長所として，①大電流溶接で溶着速度が速く溶込みも深いのできわめて高能率である，②自動溶接であり溶接技能者の技量の影響を受けることが少ない．溶接条件や溶接材料の選定などが十分に管理されていればビード外観の美しい信頼度の高い継手が得られる，③フラックス中でアークが発生するために遮光の必要がなく，溶接ヒュームがほとんど発生しないので作業環境を良好に維持できる，などがある．

短所としては，①短い溶接線や複雑に曲がった部分への適用は非能率的で溶接姿勢は下向きに限られる，②高い開先加工精度が要求される，③溶接入熱が大きく溶込みが深いため，施工条件や母材の材質によっては溶接部の靭性などの性能に問題を生じることがある，などが挙げられる．

サブマージアーク溶接は溶込みや入熱が大きい溶接法なので，鋼種，板厚，要求品質を入念に検討するとともに，使用ワイヤ，フラックス，溶接条件の選定には十分に注意をしなければならない．

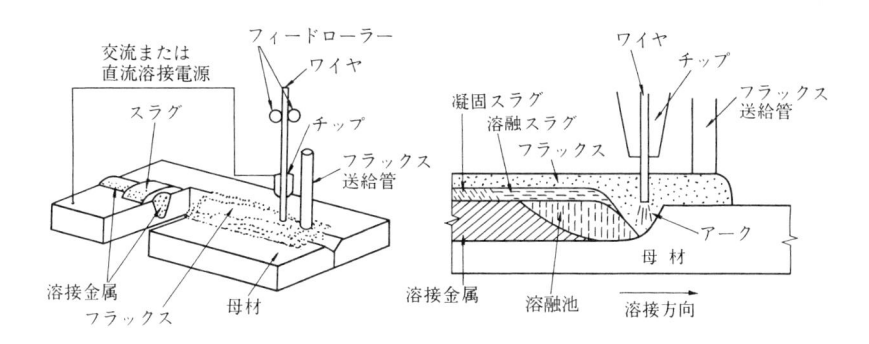

図 3.21 サブマージアーク溶接の概要[3.1]

3.4.5 エレクトロスラグ溶接

エレクトロスラグ溶接は溶接組立柱のダイアフラムとスキンプレートの溶接に用いられる．図 3.22 に示すように，ダイアフラムと裏当て金で囲まれた空隙の中で，アーク熱によりフラックスを溶融させてスラグを生成し，ついで溶融スラグの中を流れる電流の抵抗熱によりワイヤおよび母材を溶融して接合する自動溶接法である．最近では 80 mm 程度までの極厚板，520 N/mm^2 を超える高強度鋼にも用いられている．入熱が非常に大きい溶接法なので鋼種，板厚，要求品質を入念に検討し，溶接ワイヤ，フラックス，溶接条件の選定には十分な注意が必要である．

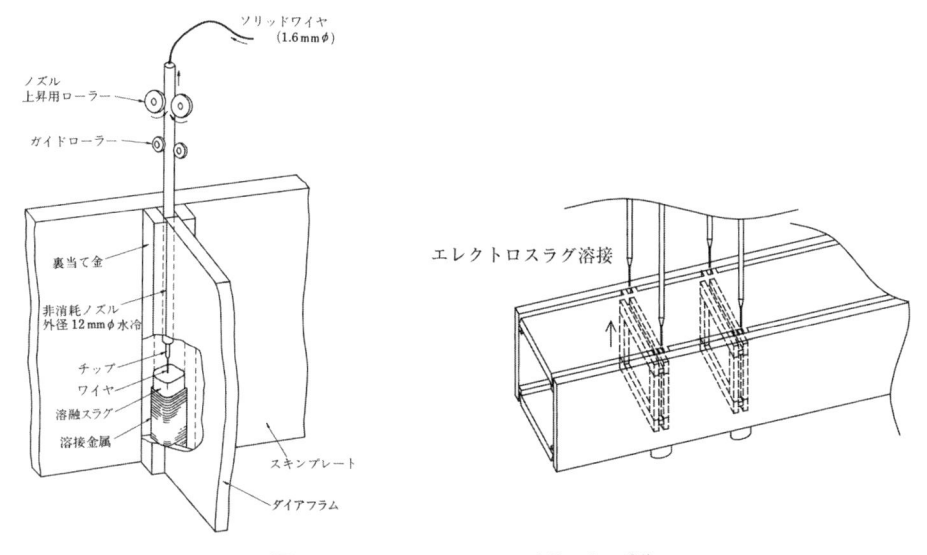

図 3.22 エレクトロスラグ溶接の概要[3.1]

参 考 文 献
3.1) 日本建築学会：鉄骨工事技術指針・工場製作編, 2007

4章 溶接接合のつくり込み

4.1 溶接継手の性能に関わる要因

　主要な構造材の溶接継手には接合される鋼材と同等以上の強度が必要である．特に柱梁接合部など，地震時に作用する力が大きくなるところに溶接継手が位置する場合には，継手の破断が骨組の崩壊を引き起こす危険性があるため，この強度確保が特に重要である．溶接継手の強度は，①溶接金属の強度不足，②溶接部の断面不足，③脆性破壊の発生，などによって低下する．したがって，これらを防ぐために，以下のことに注意しなければならない．

　①溶接金属の強度は，溶接材料の化学成分と溶接施工条件で決まる．接合する鋼材と溶接姿勢などに合わせて溶接材料が用意されているので，適切な溶接材料を選択することが必要である．さらに，各溶接材料には，所定の強度を得るための適切な溶接施工条件（溶接電流・アーク電圧・溶接速度・パス間温度ほか）があるので，その条件の範囲内で溶接施工を行うことが重要である．

　②溶接部の断面不足の原因の一つは，溶接部に発生する欠陥である．その要因は，材料，開先形状，溶接施工条件，溶接技能者の技量と多岐にわたり，これらの要因を特定して対策を講じることが必要となる．また，欠陥の有無を確認して継手強度に影響する欠陥かどうかを判定する非破壊検査や，有害な欠陥を除去して補修する作業も重要となる．断面不足のもう一つの原因は，鉄骨製作時に生じる仕口のずれや食違いである．鋼材自体の寸法公差，溶接による変形などによって発生するため，これらを回避することは難しい．したがって，ずれや食違いが小さく納まるように組立て検査を行うことはもちろんのこと，寸法精度の高い鋼材の使用，溶接組立ての工夫などが必要である．また，ずれや食違いが大きい場合には，補強を行うことも必要となる．

　③鋼材や溶接金属の破壊靱性が低い場合に切欠きのある箇所に引張力が作用した場合，伸びや絞りを伴うことなく破断することがある．これを脆性破壊と呼び，設計基準強度以下でも生じるため，絶対に避けなければならない．破壊の起点となる切欠きには，溶接欠陥のほかに，梁端のスカラップ底や梁フランジ溶接始終端など，形状が不連続で応力集中が発生する部分も含まれる．応力集中を緩和させるような工夫も必要であるが，材料の靱性を確保しておくことが重要となる．

　このように，継手強度は設計・施工・材料での多くの要因に左右され，個々人の技能によるところも大きい．したがって，継手強度を確保するために，材料選定，溶接施工，品質管理を適切に行う必要がある．その詳細を次節以降に示す．

4.2 材料選定の要点
4.2.1 鋼材の選定
（1） 選定の要点

　鋼材は，溶接の熱を受けることで，品質の低下（溶接割れ）や性能（強度と靱性）の低下が生じ

ることがある．したがって，このような低下が生じにくい鋼材を選ぶことが重要である．

溶接割れは，①熱影響部が硬くなることによる延性（伸び）の低下，②溶接時に侵入する拡散性水素の集積，③溶接部の収縮を拘束する引張力，が同時に作用することで発生する．このうち，鋼材に関わるものは①であり，熱影響部の硬さが過度にならない鋼材を選定することが溶接割れを防止する上で重要となる．熱影響部の硬さは鋼材の化学成分の影響を強く受け，炭素（C）をはじめ，マンガン（Mn）等の合金が硬さを上昇させる．これらの影響を表す指標として，後述する炭素当量 C_{eq}，溶接割れ感受性組成 P_{cm} がある．これらの値が低く，溶接割れが生じにくい鋼材を溶接性の良い鋼材と呼んでいる．溶接性の悪い鋼材で溶接組立てを行う場合には，硬さの上昇を抑えて溶接割れを防止するための予熱が必要となり，作業効率が大幅に低下する．

溶接割れと同様に，ラメラテアの防止も溶接部品質を確保する意味で重要である．ラメラテアは，鋼材中の硫化マンガンなどの延性に乏しい非金属介在物に沿って，板厚に並行して発生する割れで，梁貫通接合部の通しダイアフラムなどで生じる危険性がある．これを防ぐには，鋼材中の硫黄の含有量が少なく，板厚方向の引張に対する絞り（板厚方向特性）が保証された鋼材を使用する必要がある．

一方，性能に関しては，特殊鋼を除き強度低下を生じることはないが，靭性が低下することがある．溶接熱影響部の靭性は，溶接施工条件や鋼材の化学成分の影響を受け，特にリン（P），硫黄（S）の影響が大きいと言われている．したがって，これらの含有量が規制された鋼材を使うことで，靭性の低下を防ぐことができる．

(2) 鋼材の種類

溶接組立てに用いられる鋼材として，表 4.1 に JIS 規格品，表 4.2 に国土交通大臣認定品を示す．一般構造用の SS，STK，STKR 材は，古くから建築鉄骨に使用されているが，SS 材では，リン（P），硫黄（S）以外の化学成分の規定がなく，STK，STKR 材では，リン（P），硫黄（S），炭素（C）以外の化学成分の規定がないため，溶接性が保証されていない．そのため溶接構造物に適した鋼材とは言えない．

1981 年に改正された建築基準法（新耐震設計法）から，鋼材が降伏した後の変形能力を活用する終局強度型の耐震設計法が新たに加わり，従来の鋼材規格にはない，塑性変形能力や溶接性などの建築構造物に必要な規定を網羅した専用の鋼材規格が望まれる状況となった．そのため 1994 年に建築構造用圧延鋼材（JIS G 3136：通称 SN 材）が制定された〔その経緯については【技術指針・工場】3.1.2 項を参照〕．以下では，建築鉄骨用の代表的な鋼材として，SN 材と BCR，BCP（大臣認定品：建築構造用冷間ロール，プレス成形角形鋼管）について説明する．

表4.1 一般に用いられるJIS規格品

規　格	規　格　名　称	規格略号	用　　途
JIS G 3136	建築構造用圧延鋼材	SN	建築構造物
JIS G 3475	建築構造用炭素鋼鋼管	STKN	建築構造物
JIS G 3138	建築構造用圧延棒鋼	SNR	建築構造物
JIS G 3106	溶接構造用圧延鋼材	SM	橋，船舶，車両，石油貯槽，容器ほか
JIS G 3114	溶接構造用耐候性熱間圧延鋼材	SMA	橋，建築ほか
JIS G 3101	一般構造用圧延鋼材	SS	橋，船舶，車両ほか
JIS G 3444	一般構造用炭素鋼鋼管	STK	土木，建築，鉄塔，足場，支柱，杭
JIS G 3466	一般構造用角形鋼管	STKR	土木，建築ほか

表4.2 代表的な国土交通大臣認定品

一　般　名　称	規格略号	特　　徴
建築構造用TMCP鋼材	－	板厚40mm超でF値の低減が不要
建築構造用590N鋼	SA440	F値が440N/mm^{2}の高強度鋼
建築構造用冷間ロール成形角形鋼管	BCR	SN規格に準じた角形鋼管
建築構造用冷間プレス成形角形鋼管	BCP	同　上

(a) SN材

建築構造物専用として1994年に規格が公示された鋼材で，引張強さが400，490N/mm^{2}の2鋼種がある．鋼種記号の一例を下記に示す．数字は引張強さを，末尾の英字は使用区分を表す．

例）　S N 4 0 0 B
　　　引張強さ┘　└使用区分

この使用区分はSN規格の特徴の一つで，使用される部位に応じてA種，B種，C種の3つの区分が設定されている（ただし，SN490についてはB,C種のみでA種の規定はない）．表4.3に使用区分と使用部位との対応，表4.4に各使用区分における規定内容を示す．なお，SM規格（溶接構造用圧延鋼材：JIS G 3106）にもA種，B種，C種の区分がある．これは衝撃値の規定内容を示したもので，SN規格のA種，B種，C種とは異なる〔表4.5参照〕．

SN材のB種，C種では塑性変形能力と溶接性が保証されている．耐震設計で必要な塑性変形能力を得るために，降伏点と引張強さの上限値，降伏比，衝撃値（シャルピー衝撃試験の吸収エネルギー量）が規定されている．C種は板厚方向に引張力が作用する部位を対象としており，板厚方向特性も保証されている．つまり，耐ラメラテアの性能を向上させるために，硫黄の含有量をB種よりも低く規定するとともに，超音波探傷試験（UT：Ultrasonic Test）が行われ，鋼材の中に層状のきずがないことも確認される．

溶接性：溶接熱影響部を硬化させる元素の含有量を抑えるために，炭素当量と呼ばれる指標が一
　　　　般的に用いられる．SN材では下記の計算式による炭素当量を用いて，その上限値を規

定し，溶接性を確保している．

$$C_{eq} = C + \frac{Mn}{6} + \frac{Si}{24} + \frac{Ni}{40} + \frac{Cr}{5} + \frac{Mo}{4} + \frac{V}{14} \quad SN400B, Cの場合 \quad C_{eq} \leq 0.36\% \quad (4.1)$$

板厚方向特性：板厚方向への引張に対する伸び性能のことで，SN 材の C 種では，板厚方向引張試験での絞りの下限値（SN400C，SN490C とも 3 本の平均値で 25%，個々の値で 15%）を規定し，板厚方向特性を保証している．

表 4.3　SN 材の使用区分と使用部位

区　分	主たる用途	使 用 部 位
A 種	溶接が軽微で耐震性能が要求されない部材または部位 構造耐力上の主要なもので溶接による接合を行わない部材または部位	小梁，間柱，二次部材等
B 種	耐震性能が要求される構造耐力上の主要な部材または部位 （一般の構造部材で板厚方向に大きな引張力を受けないもの）	大梁，柱
C 種	耐震性能が要求される構造耐力上の主要なもののうち，溶接組立て時を含めて板厚方向に大きな引張力を受ける部材または部位	柱，ベースプレート，通しダイアフラム

表 4.4　SN 材の使用区分と主たる規定内容

区　分	降伏点[※1]	引張強さ[※1]	降伏比	伸び	衝撃値	絞り	UT[※2]	C	Si	Mn	P	S	C_{eq}
A 種	△	○	−	○	−	−	−	○	−	−	○	○	−
B 種	○	○	○	○	○	−	△	○	○	○	○	○	○
C 種	○	○	○	○	○	○	○	○	○	○	○	○	○

[注]○：規定あり，△：部分的な規定あり，−：規定なし

※1：○は上下限値，△は下限値の規定あり
※2：△は厚さ 13mm 以上で，当事者の協定により実施してもよい

表 4.5　SN 材以外の鋼材の規定内容

鋼　種	降伏点[※1]	引張強さ[※1]	降伏比	伸び	衝撃値	絞り	UT[※2]	C	Si	Mn	P	S	C_{eq}
SS400	△	○	−	○	−	−	−	−	−	−	○	○	−
SM490A	△	○	−	○	−	−	△	○	○	○	○	○	−
SM490B	△	○	−	○	○	−	△	○	○	○	○	○	−
STK490	△	△	−	○	−	−	−	○	○	○	○	○	−
STKR490	△	△	−	○	−	−	−	○	○	○	○	○	−

[注]○：規定あり，△：部分的な規定あり，−：規定なし

※1：○は上下限値，△は下限値の規定あり
※2：△は厚さ 13mm 以上で，当事者の協定により実施してもよい

(b)　BCR，BCP

SN 材と同様に溶接性が保証された角形鋼管として，BCR と BCP が柱に多く用いられている．これらは，図 4.1 に示すように，鋼板を角形鋼管に室温で成形（冷間加工）したもので，これによる硬化を低減するために，鋼材中の窒素の上限値が規定されている．

BCRはコイル状の熱延鋼板からロール成形機により製造されるが,いったん,円形鋼管にした後に,角形鋼管に成形するため,断面全体が冷間加工を受ける.これにより,原板の強度よりも鋼管の強度は高くなる.一方,BCPは厚板をプレスで曲げ加工して角形鋼管に成形したもので,冷間加工を受けるコーナー部で部分的な強度の上昇が生じる.ただし,断面の大部分を占める平坦部は冷間加工を受けないため,角形鋼管としての強度は原板と同じとみなすことができる.このような製造方法の違いから,BCRとBCPでは設計強度が異なるので注意が必要である.

円形鋼管および棒鋼についても,溶接性が規定されたJIS規格(STKN：JIS G 3475 建築構造用炭素鋼鋼管,SNR：JIS G 3138 建築構造用圧延棒鋼)が用意されている.溶接組立てにより鉄骨製作を行う場合には,SN材のように,溶接性や建築鉄骨特有の性能が保証された鋼材を使用することが基本となる.

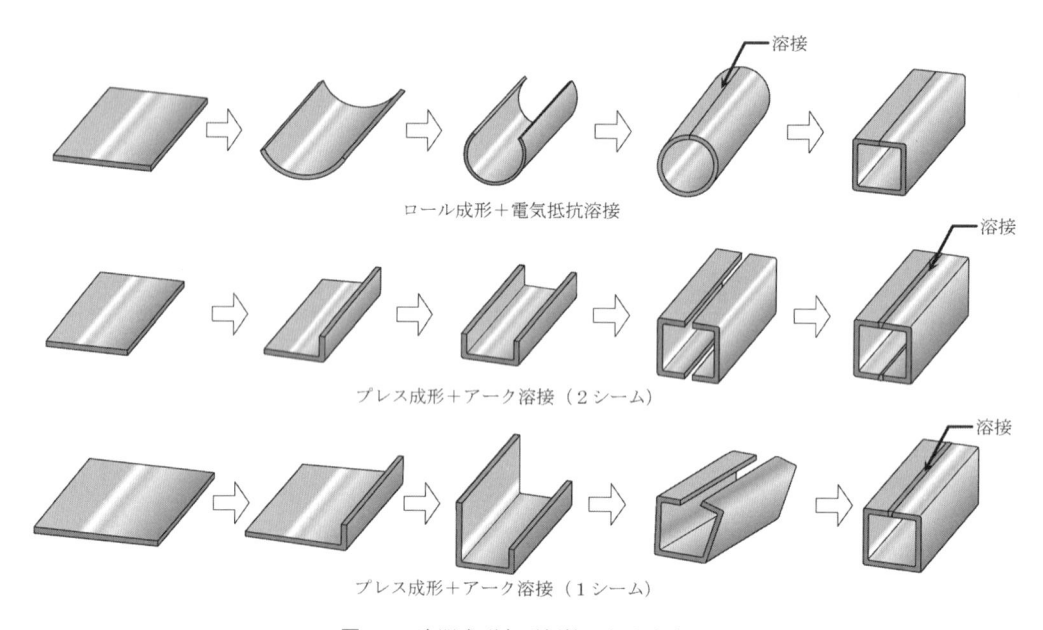

図4.1 冷間成形角形鋼管の製造方法

4.2.2 溶接材料の選定

(1) 選定の要点

鋼材と同様に,溶接部(溶接金属)での品質や性能が低下しないように,溶接材料を選定することが必要である.特に,溶接部の強度と靭性については,溶接材料以外に溶接電流・アーク電圧・溶接速度・パス間温度などの溶接施工条件が影響する.したがって,実際の溶接施工条件も考慮して適切に溶接材料を選定する必要がある.

一般的に,入熱やパス間温度〔4.3.1 (3)参照〕が高くなり,溶接金属の冷却速度が緩慢になると強度と靭性は低下する.溶接線が短い建築鉄骨では,ほかの溶接構造物に比べて冷却速度が遅くなるため,その影響が顕著に現れる.特に溶接能率が高く,現状,建築鉄骨で多用されているガスシールドアーク溶接では,溶接長が短いために高入熱,高パス間温度となりやすい傾向にあり,適

切なワイヤの選定と溶接条件の設定に注意が必要である．

　溶接金属が凝固する過程では収縮が生じ，溶接割れが発生する場合がある．特に溶接時には，空気中や溶接材料から溶接金属に酸素，水素，窒素などが混入しやすく，それらが割れやブローホールなどの欠陥を生じさせる．したがって，これらが混入しにくいガスシールドアーク溶接法を用いるか，もしくは被覆アーク溶接法では低水素系の溶接棒を使用することが必要となる．

（2）溶接材料の種類

　建築鉄骨に用いられる代表的な溶接材料として，表4.6に被覆アーク溶接棒とガスシールドアーク溶接ワイヤの代表規格を示す．ガスシールドアーク溶接は，溶接能率が良く，高い品質が得られることから，建築鉄骨で広く用いられる．ただし，梁フランジの完全溶込み溶接などでは，溶接線が短尺なために，待ち時間を入れないとパス間温度は高くなる．溶接可能な溶接電流・アーク電圧の範囲も広いため，入熱を高くして能率を上げることも比較的容易である．ワイヤには，溶接金属の強度や靭性を確保するための適正な溶接条件があるため，その条件範囲内で溶接を行うことが必要となる．

表4.6　建築鉄骨に用いられる代表的な溶接材料

規格	規格名称	代表規格	主たる用途
JIS Z 3211	軟鋼，高張力鋼及び低温用鋼用被覆アーク溶接棒	E4316H15 [※1]，E4316UH15 [※1]	400N 級用
		E5716H10 [※2]，E5716UH15 [※2]	490N 級用
JIS Z 3312	軟鋼，高張力鋼及び低温用鋼用のマグ溶接及びミグ溶接ソリッドワイヤ	YGW11，YGW15	400，490N 級用
		YGW18，YGW19	490，520N 級用
		G57A1UCXX [※3]	590N 級用

［注］※1：低水素系（旧JIS D4316 に相当）
　　　※2：低水素系（旧JIS D5816 に相当）
　　　※3：末尾のXXは，ワイヤの化学成分により表記が異なる（旧JIS YGW21 に相当）

4.3　溶接施工の要点

4.3.1　溶接作業

（1）溶接姿勢

　溶接姿勢は，溶接作業をする場合の溶接技能者が取る姿勢のことであり，下向，横向，立向　上向などがある．溶接姿勢により要求される溶接技能者の技量が異なり，JIS に定められた溶接技能者の技量資格も溶接姿勢と溶接する鋼材の板厚，さらには被覆アーク溶接や半自動ガスシールドアーク溶接などの溶接方法によっても区分されている．表4.7に JIS Z 3841 による溶接技能者の技量資格区分の例を示す．技量資格区分の呼称は「SA－2F」などと示される．後半の2文字が板厚と溶接姿勢を示し，1が薄板，2が中板，3が厚板を表し，Fが下向，Vが立向，Hが横向，Oが上向を表している．前半の記号は溶接方法などの表記である．

　工事における実際の溶接姿勢と板厚に対応した溶接資格を有する溶接技能者が作業に従事しなければ，技量不足で溶接欠陥などが発生することになる．建築に関する溶接技能者の技量資格にはこのほかに「建築鉄骨溶接技量検定（AW 検定）」などがある．

　一般的に，もっとも溶接欠陥が少なく良好な品質で溶接できるのは下向姿勢であり，溶接作業の

基本的な溶接姿勢である．以下に各姿勢の特徴を示す．

(a) 下向姿勢

図 4.2 (a) および写真 4.1 (a) に概要を示すように，ほぼ水平な溶接線に対して，上方から下向に行う溶接である．下向姿勢は，人間が楽に維持できる姿勢で，溶接棒の狙い位置が確認しやすく，また溶融金属が重力に従って溶接部へ落ちることから最も容易に作業を行うことができる溶接姿勢であり，良好な能率と品質を確保することができる．

表 4.7 に示す JIS Z 3841 による溶接技能者の技量資格区分の中でも，下向(F)は最も基本とされる溶接技量資格である．下向姿勢では，比較的大きな溶接電流での溶接も可能で，作業時間の短縮を図ることができる．このため，回転治具などにより，そのつど鉄骨の向きを変えてでも姿勢を下向に確保して溶接を行ったほうが経済的にも有利である．建築鉄骨では柱梁接合部のダイアフラムと梁フランジ溶接や工場での柱材と通しダイアフラムとの溶接などの主要部分に多く用いられている溶接姿勢である．

表 4.7 半自動溶接技術検定試験の種類
(JIS Z 3841 からガスシールドアーク溶接について抜粋)

溶接姿勢	試験材料の厚さ区分(mm)	継手の種類	裏当て金の有無[※2]	記号
下向[※1] (F)	薄板 (板厚 3.2)	板の突合せ継手	N	SN-1F
	中板 (板厚 9.0)		A	SA-2F
			N	SN-2F
	厚板 (板厚 19.0)		A	SA-3F
			N	SN-3F
立向 (V)	薄板 (板厚 3.2)		N	SN-1V
	中板 (板厚 9.0)		A	SA-2V
			N	SN-2V
	厚板 (板厚 19.0)		A	SA-3V
			N	SN-3V
横向 (H)	薄板 (板厚 3.2)		N	SN-1H
	中板 (板厚 9.0)		A	SA-2H
			N	SN-2H
	厚板 (板厚 19.0)		A	SA-3H
			N	SN-3H
上向 (O)	薄板 (板厚 3.2)		N	SN-1O
	中板 (板厚 9.0)		A	SA-2O
			N	SN-2O
	厚板 (板厚 19.0)		A	SA-3O
			N	SN-3O

[注] ※1 下向溶接を溶接技術の基本とする．
※2 A：裏当て金を用いる．
N：裏当て金を用いない．

（b） 横向姿勢

図 4.2 (b) および写真 4.1 (b) に概要を示すように，ほぼ水平な溶接線に対して横または水平方向から行う溶接である．下向姿勢溶接のように多くの溶融金属を流し込むと重力の影響で凝固前に横方向へ溶融金属が流れて健全なビードが形成されなくなる．このために下向姿勢に比べてやや溶接電流を低くして溶融金属の溶融速度を落とすことで溶接ビードの安定を図っている．溶接パス数も多くなることから，融合不良やスラグ除去を確実に行わないと，スラグ巻込みなどの欠陥が生じる場合がある．さらには溶接電流，アーク電圧，溶接速度，運棒方法，トーチ角度などの溶接条件が適正でないと，溶接金属が垂れ下がり，オーバーラップが生じ，隅肉溶接では不等脚隅肉，またはアンダーカットを生じる．建築鉄骨では柱の現場溶接に多く用いられている溶接姿勢である．

（c） 立向姿勢

図 4.2(c) および写真 4.1(c) に概要を示すように，ほぼ鉛直な溶接線を下向もしくは上向方向へ溶接する場合である．下から上に向かって行う場合を立向上進溶接，上から下に運棒する場合を立向下進溶接と呼んでいる．立向下進溶接は運棒速度を速くして行うために，入熱量が小さくなり，溶込みが浅くなる．一般にはアンダーカットなどの補修に細径の溶接棒を用いて行われる場合がある．一方，立向上進溶接は，構造上やむを得ない場合に限り，完全溶込み溶接や隅肉溶接の継手に適用されるが，横向姿勢と同様に，運棒方法・角度・速度などに注意しないと，融合不良やスラグ巻込み，アンダーカットなどの欠陥が発生する．

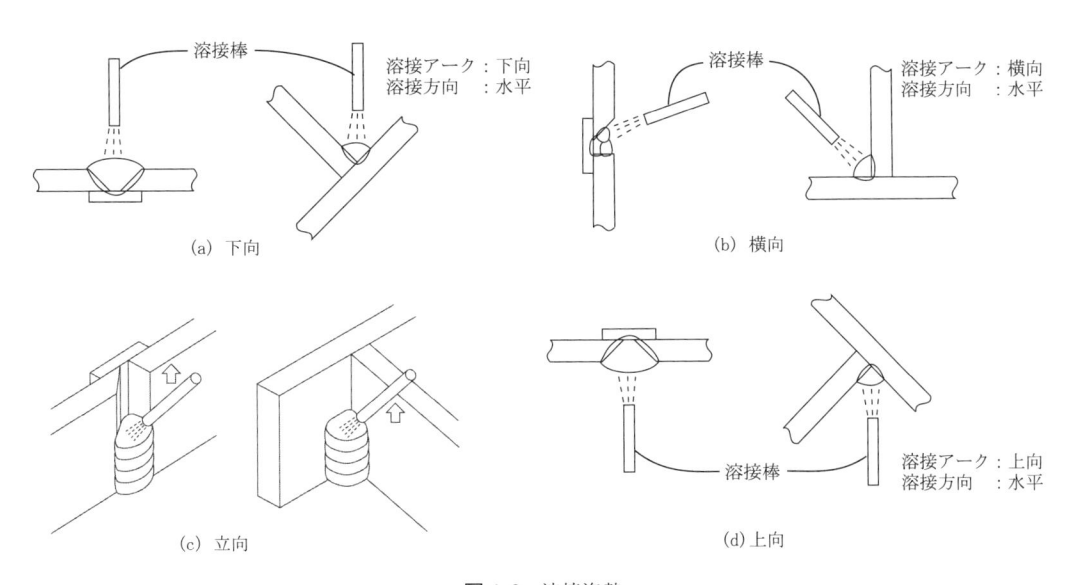

図 4.2 溶接姿勢

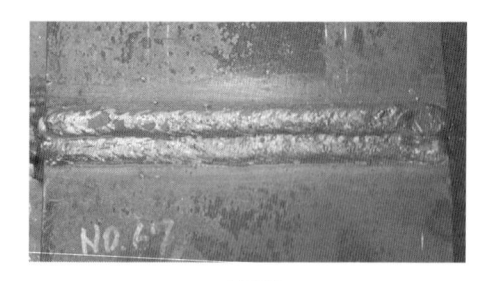

(a) 下向 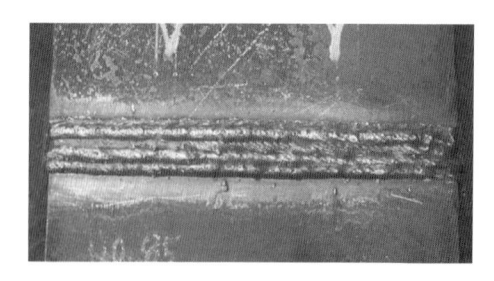　　(b) 横向

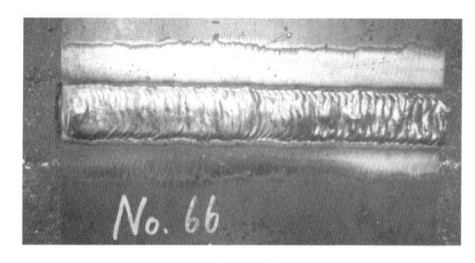

(c) 立向 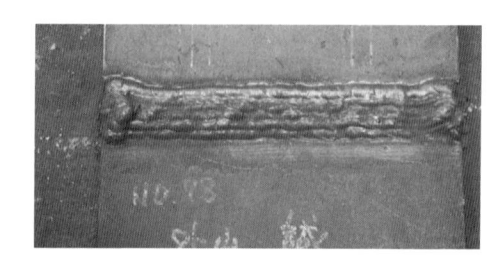　　(d) 上向

写真 4.1　各溶接姿勢による溶接ビード外観の例

（d）　上向姿勢

　図 4.2 (d) および写真 4.1 (d) に概要を示すように，ほぼ水平な溶接線に対して下方から行う溶接である．上向姿勢での溶接は，本来は重力により下へ落ちる溶融金属を，重力にさからって上にある溶接部へ供給するために高度な技量が要求されることや，ほかの溶接姿勢に比べ溶接技能者が作業中に姿勢を維持することへの負担が大きくなる．このためにこの溶接姿勢での溶接をこなせる「上向資格　10，20，30」の有資格者は非常に少ないのが現状であり，有資格者であっても作業環境が悪ければ溶接品質に重大な問題を発生させることとなる．上向姿勢の溶接では，溶接金属の余盛過大，アンダーカットなどの欠陥が生じやすく品質に問題があり，また，溶接技能者の有資格者も少ないことから，やむを得ない場合を除いては，上向姿勢での溶接はできるだけ避けるべきである．

（2）　完全溶込み溶接の基本事項

　完全溶込み溶接は，溶接部の強さが母材と同等以上となるように接合面の全面を溶け込ませる溶接である．鉄骨の重要な部位の溶接継手のほとんどが完全溶込みで溶接されている．全断面を完全に溶け込ませるために開先加工，裏当て金，エンドタブなどが用いられている．以下にその概要とそれぞれの役割について解説する．

（a）　開　　先

　完全溶込み溶接を行う部材を完全に溶け込ませるために設けられるのが開先（グルーブ）である．部材の板厚や溶接方法によって，適切な開先が選定される．建築鉄骨の完全溶込み溶接に適用される主な開先形状を図 4.3 に示す．建築鉄骨で主に用いられるのは開先角度が 35 度のレ形開先であり，そのほかに K 形開先や V 形開先が用いられている．K 形開先は主に裏当て金を用いられない部位（例えばめっき製品や見え掛り部で外観が重要な部位）や板厚 45mm 以上の厚板の溶接などに

広く用いられている．V形開先は，建築鉄骨の分野ではスキンプレートの板厚が40mmを超える箱型断面柱（4面ボックス柱）の角溶接に用いられる．

レ形
- 最も一般的
- 柱梁接合部，柱柱接合部

K形
- 板厚が大きい場合
- 裏当て金が使用できない場合（メッキや外観上）
- 柱梁接合部など

V形
- 4面ボックス柱の角溶接
- フランジ材などの板継ぎ溶接

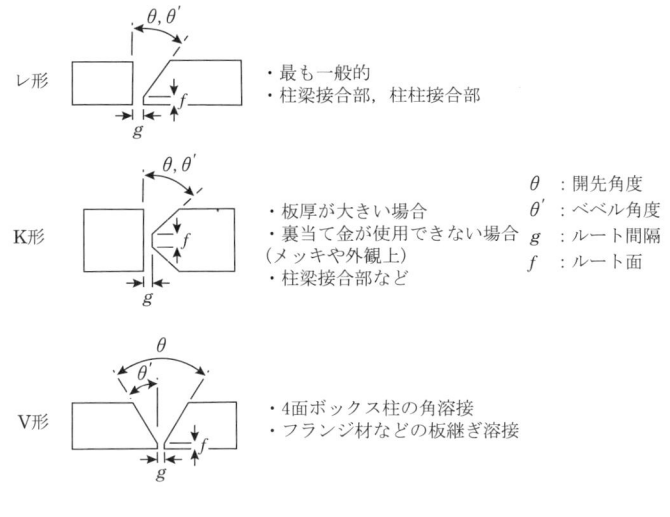

θ：開先角度
θ'：ベベル角度
g：ルート間隔
f：ルート面

図4.3 完全溶込み溶接の主な開先形状

片側からの完全溶込み溶接

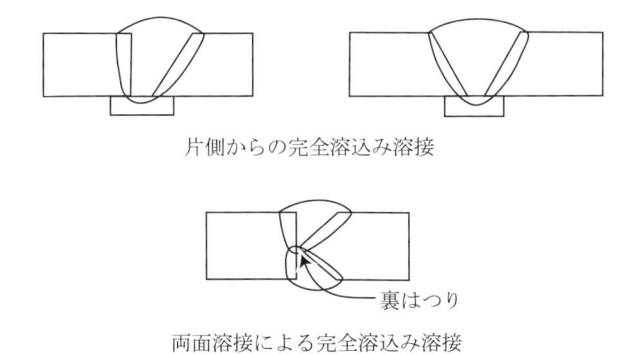

両面溶接による完全溶込み溶接
（裏はつり）

図4.4 完全溶込み溶接継手の主な種類

（b）ルート間隔

ルート間隔（ルートギャップとも呼ばれる）は完全溶込み溶接中の溶接棒（ワイヤ）の狙い位置やアークの状況を確認しながら適正に保ち，溶接欠陥を防止する目的で設けられ，溶接方法，継手形状，部材厚，溶接姿勢などによりその大きさが決定される．一般的には設計図書などで指定された寸法を基準に【JASS6 付則6】「鉄骨精度検査基準」に示される許容範囲内で設定されることになる．ルート間隔が狭いとスラグ巻込みや溶込み不良が，広い場合は製品の変形が大きくなったり，ルート部の割れなどを発生させるおそれがある．ガスシールドアーク溶接では6～7mm程度の大きさがよく用いられる．

（c）裏当て金および裏はつり

鉄骨の完全溶込み溶接継手は図4.4に示すように裏当て金を用いて片面から溶接する方法と，裏当て金を用いないで両面から溶接する方法がある．前者は柱梁接合部や柱現場溶接部など建築鉄骨

の主要溶接部に多く用いられ，後者はフランジ材，ウェブ材などの板継ぎ溶接に用いられる．

　裏当て金は図 4.5 に示すようにルート側で溶接金属を受ける補助材で，溶接後は溶接金属と一体となって継手を構成する．鋼製のものが一般的に用いられる．裏当て金を用いた片面溶接では，裏当て金を母材に十分に密着させることが溶接施工上の重要なポイントとなる．密着度が不十分だと，ルート部分に溶込み不良やスラグ巻込みなどの溶接欠陥を発生させる原因となり，良好な溶接施工が期待できなくなる．管理のポイントは図 4.6 に示すように，① 2mm を超える肌すきはないか，②部材面に傾斜して取り付けていないか，③裏当て金端部と接合部材面にすき間はないか，④裏当て金がさびたり損傷していないか，⑤原則として開先内に裏当て金の組立て溶接がされていないか，などである．

　裏当て金を用いないで両面から溶接する継手では，表側の溶接を行った後に裏はつりを行う．裏当て金を用いない K 形・レ形開先完全溶込み溶接では，裏側第 1 層目の溶接には溶接欠陥が発生しやすい．このために，裏側の溶接を行う前に表側第 1 層の欠陥が発生しやすい部分をガウジングによってはつり取る必要がある．裏はつりは表側溶接の健全部が現れるまで行うことが必要である．

　ガウジング（はつり）は母材や溶接金属などを除去する手法であり，建築分野ではアークエアガウジング法が広く用いられている．図 4.7 にその概要を示す．カーボン電極を用いて，除去したい欠陥などを含んだ溶接継目にアークを発生させてこれを溶融させ，溶融金属を圧縮空気で吹き飛ばして除去する方法である．電源は通常の溶接電源を用いることができ，簡便なことから建築分野では広く用いられている．

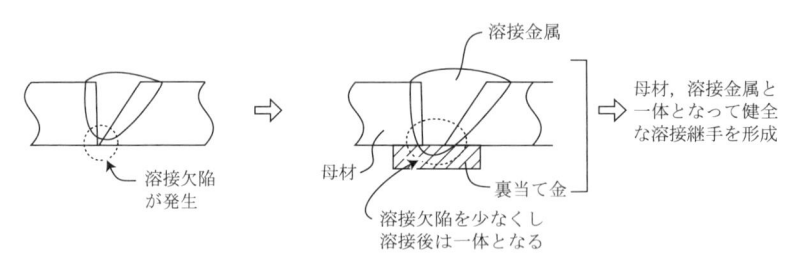

図 4.5　裏当て金の役割

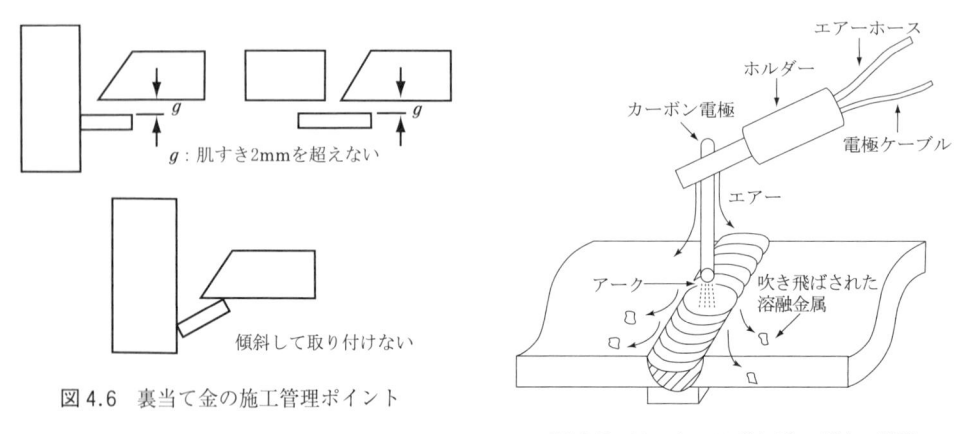

図 4.6　裏当て金の施工管理ポイント

図 4.7　アークエアガウジング法の概要

(d) エンドタブ

完全溶込み溶接は，継手の全長にわたり健全な溶接施工がなされなくてはならない．溶接継手の始終端部に発生しやすいブローホールなどの欠陥を逃す目的で，始端部と終端部に取り付けられる補助材が図4.8，図4.9に示すエンドタブである．

エンドタブには鋼製で母材と同形・同厚のものが使用されていたが，最近では，これに代わり，小型・軽量で簡易に取り外しのできるフラックスやセラミックを固形化した固形タブが多用されている．鋼製エンドタブには取付けの際の組立て溶接部位や，取り外した後の成形方法などに構造体性能を保持する観点から制約がある．固形タブはエンドタブ本来の溶接始終端に発生する欠陥を外へ逃がす目的ではなく，単に溶接始端での溶融金属をせき止める意味での目的が強く，溶接始終端部に溶接欠陥が発生しやすくなっている．固形タブによる溶接始終端部の溶接を健全に行うために溶接技能者には一般より高いレベルの溶接技量（特に溶接終端部での溶接棒の運棒）が要求される．この技能レベルを保証するものとして，AW検定協議会の技量検定などがある．また，溶接始終端部の欠陥を調べる方法として，【UT規準付則2】や「建築鉄骨梁端溶接部の超音波探傷検査指針（日本鋼構造協会）」が参考となる．

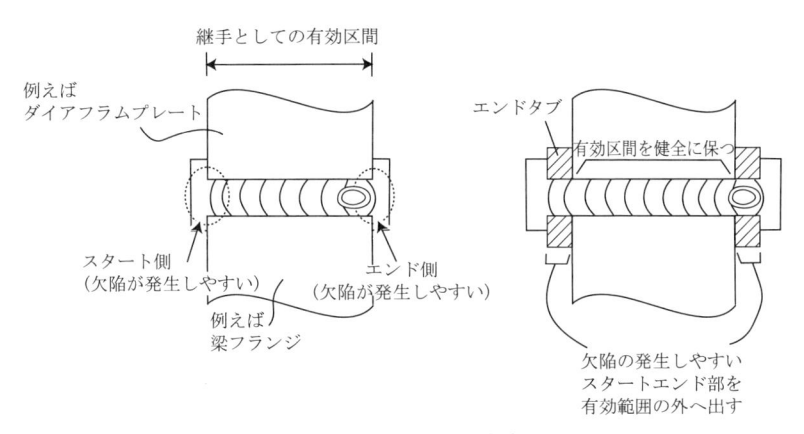

図4.8 エンドタブの役割

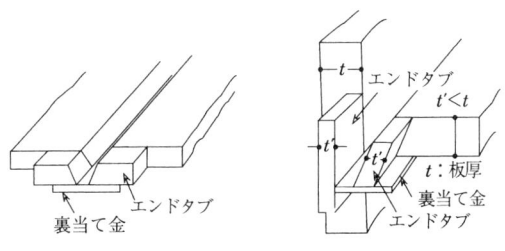

図4.9 鋼製エンドタブの取付け要領

固形タブには母材の板厚や使用目的に応じて数種類の形状がある．固形タブの標準的な形状と適用部位を表4.8に示す．完全溶込み溶接にはL形固形タブが一般的に多く用いられている．これら固形タブの取付け方法は特に定められたものはなく，マグネットで固定するなど，各施工者により簡易な固定方法がいくつも実用化されている．L形およびV形固形タブの取付け概要を図4.10

表4.8 固形エンドタブの標準形状および適用区分[4.1]

呼び名	形 状	使用継手区分
V形		裏当て金付き完全溶込みT継手（板幅同一）
L形（F形）		裏当て金付き完全溶込みT継手（板幅異なる）
I形		裏当て金付きまたは裏当て金なし突合せ継手（板幅同一）
ST形		裏当て金付き突合せ継手（板幅同一）

標準固形エンドタブ高さ $h \geq t + \dfrac{t}{4} + 7$ (mm)

t は母材の板厚(mm)

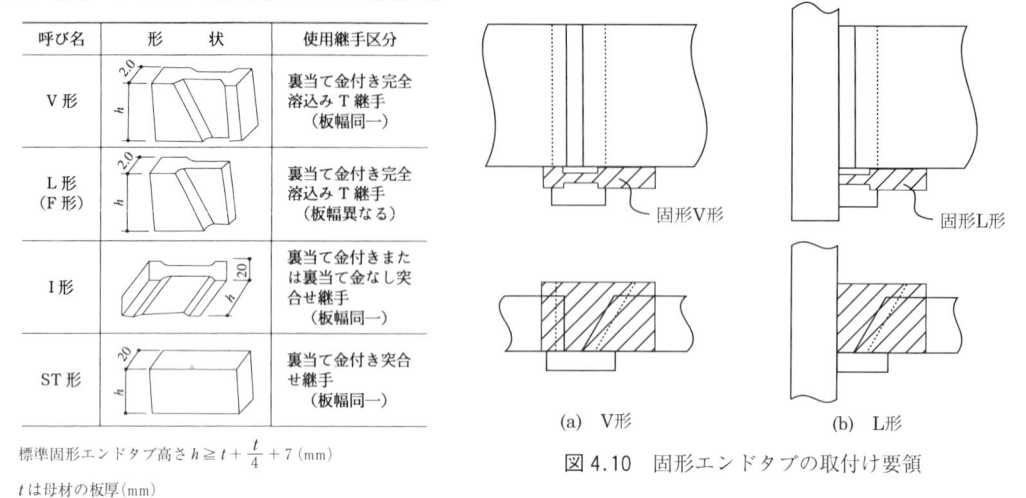

(a) V形 (b) L形

図4.10 固形エンドタブの取付け要領

に示す．

（e）スカラップ

スカラップ（ほたて貝という意味）は，JIS Z 3001 溶接用語には「溶接線の交差を避けるために，一方の母材に設ける扇形の切り欠き」と定義されている．最初にスカラップを導入したのは，リベットに変わる接合方法として他に先駆けて溶接を導入した造船の分野であり，図4.11に示すように隅肉溶接線の交差を避けるために用いられた．溶接技術や溶接材料，鋼材が今日ほど発展していなかった当時としては，スカラップを設けて溶接線の交差を防ぐことは，割れなどの溶接欠陥や材質劣化を防ぐ目的で取られてきた処置であった．

建築鉄骨の分野でも，スカラップは柱梁接合部の溶接部やガセットプレートなどの溶接線が重なる部分に使用されている．スカラップは，梁ウェブやガセットプレートなどに設けられ，一般にその形状，大きさは1/4円で半径35mm程度である．

しかし，現在では鋼材や溶接材料などの溶接技術が飛躍的に進歩した結果，溶接線が交差しても溶接欠陥や材質劣化が起こりにくくなっている．また，近年行われてきている多くの実大実験や破壊力学的検討から，スカラップを設けないノンスカラップや，スカラップを設けてもスカラップ端部の形状を応力集中が緩和される形に改良したものを用いるようになっている．これらの詳細は5.3.1項を参照されたい．

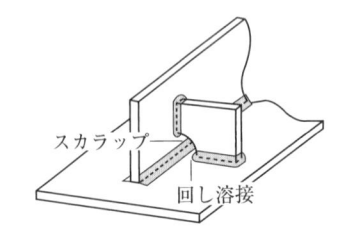

図4.11 溶接線の交差とスカラップ[4.1]

(3) 溶接条件

 溶接部に要求される機械的性質には大きく分けて強度と靭性（ねばり，変形性能）がある．これらに対する要求品質は母材と同等とされることが多い．溶接部の強度と靭性は，同じ溶接材料を使用しても，溶接電流，アーク電圧，溶接速度，運棒方法，パス間温度などの溶接施工条件により大きく異なることが知られている．これは溶接金属などの機械的性能には溶接材料の成分と溶接金属の凝固過程が決定的な影響を及ぼすためである．溶接金属の凝固過程は溶接部に供給された熱エネルギーとその冷却過程（冷却速度）で決定される．実際の管理の中で，この供給された熱エネルギーに対応する項目が入熱であり，冷却過程（冷却速度）に対応する項目がパス間温度である．

 入熱は溶接電流，アーク電圧，溶接速度から(4.2)式で計算される単位長さあたりに供給された熱量である．パス間温度は多層盛溶接において，あるパスの溶接が終わり，この上に次のパスを溶接する直前の，溶接線直近の母材の温度である．

$$Q = \frac{I \times E \times 60}{v} \tag{4.2}$$

ただし，Q：入熱 (kJ/cm)，I：溶接電流 (A)，E：アーク電圧(V)，v：溶接速度(cm/min)を表す．

 入熱とパス間温度を工場製作および現場溶接において適切に管理することが溶接部の強度・靭性の必要性能を確保するうえで重要となる．この組合せについては，鉄骨製作工場の工場認定制度の性能評価基準に定められており，その内容を表4.9に示す．使用する鋼種と溶接材料によって入熱とパス間温度の管理値が区分されている．鋼種としては主として強度レベルで区分され，400N級と490N級の2つに大別される．溶接材料はJIS規格のYGW11（490N級）とYGW18（540N級）の2種類が主となっている．なおYGW11とYGW18はCO_2をシールドガスとする場合，YGW15とYGW19はArとCO_2の混合ガスをシールドガスとする場合に用いる．鋼種と溶接材料の組合せに対して，入熱とパス間温度の管理値が決められている．

 パス間温度の管理は，図4.12に示すように開先側の板幅中央で，開先肩から10mmの位置で行う．パス間温度は接触型温度計で測定することもできるが，実際の施工工程内で実施することは困難であり，具体的な管理手法としては，図4.12に示す管理位置にそれぞれの管理温度に対応した温度チョークを塗布することで行われることが多い．温度チョークは鋼材表面に塗布しておくと一定温度になると溶融してその色彩を無くすことから温度管理が可能となる．

 一方，入熱は(4.2)式より算出されるが，溶接施工中に全てを計測して計算し管理することは非常な困難を伴う．入熱については，図4.13に示すように，溶接する鋼材の板厚に対して制限入熱以内で施工できる積層をあらかじめ決定することができる．このことから，実際の溶接では，製作工場ごとに定められる溶接積層図に従って施工することで管理されていることが多い．図4.14に実際に使用されている溶接積層図の一例を示す．実際の溶接では，溶接技能者がこの溶接積層図に従い，開先内へ溶接ビードを施工する．

表 4.9 溶接材料と入熱量・パス間温度の施工条件の例[4.1]

鋼材の種類	溶接材料	入熱（kJ/cm）	パス間温度（℃）
400N/mm² 級鋼	YGW11, 15	40 以下	350 以下
490N/mm² 級鋼	YGW11, 15	30 以下	250 以下
	YGW18, 19	40 以下	350 以下
400N/mm² 級 STKR・BCR・BCP	YGW11, 15	30 以下	250 以下
	YGW18, 19	40 以下	350 以下
490N/mm² 級 STKR・BCP	YGW18, 19	30 以下	250 以下

［注］YGW11, 15, 18, 19 は JIS Z 3312

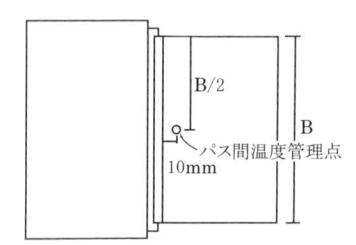

図 4.12 パス間温度の管理点

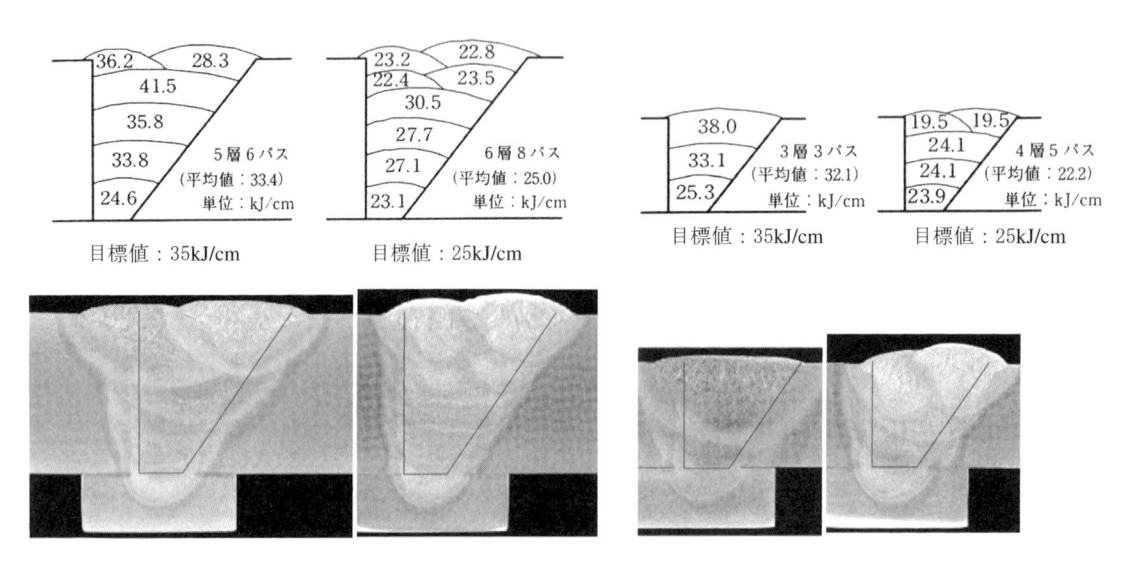

目標値：35kJ/cm　　目標値：25kJ/cm　　目標値：35kJ/cm　　目標値：25kJ/cm

図 4.13 溶接積層と入熱の関係例[4.1]

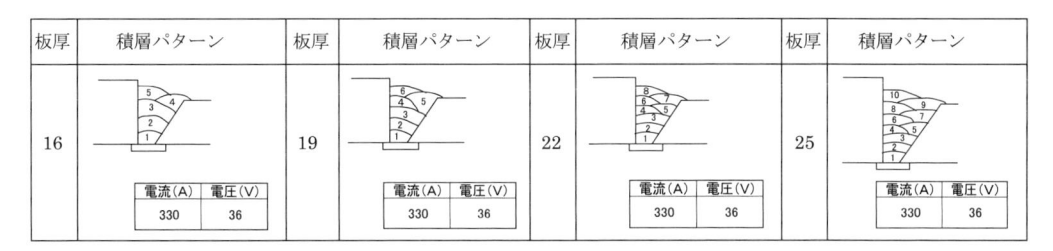

板厚	積層パターン	板厚	積層パターン	板厚	積層パターン	板厚	積層パターン
16	電流(A) 330 / 電圧(V) 36	19	電流(A) 330 / 電圧(V) 36	22	電流(A) 330 / 電圧(V) 36	25	電流(A) 330 / 電圧(V) 36

図 4.14 溶接積層図による溶接入熱管理の一例（入熱 25kJ/cm の場合）

溶接施工条件として重要なものに予熱がある．これは主に母材や溶接金属が溶接後に割れを発生させないために必要な施工である．割れの発生原因の主因として金属中の水素の存在がある．この水素は溶接金属を冷却する過程で金属中から放出されてゆくので，冷却速度を遅くしてやれば，それだけ水素の放出量が増えて割れの発生を阻止することが可能となる．このため，あらかじめ鋼材の温度を上げておき，溶接部との温度差を小さくすることで溶接部の冷却速度を遅くする作業が予熱である．

一般的に鋼材の強度レベルが高いほど（鋼材が硬いほど）割れが発生しやすいので，予熱が必要になってくる．鋼材の種別とそれに対応する予熱温度を表 4.10 に示す．特に気温が低い場合は，鋼材と溶接部との温度差が大きくなり溶接金属の冷却速度が大きくなるので注意が必要である．原則として－5℃以下では溶接をしてはならない．また5℃～－5℃では必ず予熱が必要となる．北海道などの寒冷地では，冬場は気温が工場内でも－10℃以下になることが珍しくない．この地域では予熱が入念に行われているが，溶接部を予熱するとこの部分に結露が生じてブローホールなどの欠陥が発生するので，ガスバーナーなどで100℃以上に加熱して水分を飛ばした上で溶接施工がなされている．

表 4.10 予熱温度[4.1]

鋼種	溶接法	板厚(mm)					
		$t < 25$	$25 \leq t < 32$	$32 \leq t < 40$	$40 \leq t \leq 50$	$50 < t \leq 75$	$75 < t \leq 100$
SN400 SM400 SS400	低水素系以外の被覆アーク溶接	予熱なし	50℃	50℃	50℃	—	—
	低水素系被覆アーク溶接	予熱なし	予熱なし	予熱なし	50℃	50℃[1]	80℃[1]
	CO_2 ガスシールドアーク溶接[4] サブマージアーク溶接[3]	予熱なし	予熱なし	予熱なし	予熱なし	予熱なし[1]	50℃[1]
SN490 SM490	低水素系被覆アーク溶接	予熱なし	予熱なし	50℃[2]	50℃[2]	80℃[2]	100℃[3]
	CO_2 ガスシールドアーク溶接[4] サブマージアーク溶接[3]	予熱なし	予熱なし	予熱なし	予熱なし	80℃[2]	100℃[3]

[注] 1) 鋼種 SM400，SN400 の場合に適用し，鋼種 SS400 は別途検討が必要である．
2) 熱加工制御を行った鋼材ではより低い予熱温度の適用が考えられる．
3) 大電流溶接などの特殊な溶接では，個別の検討が必要である．
4) フラックス入りワイヤによる CO_2 ガスシールドアーク溶接の予熱温度標準は低水素系アーク溶接に準ずる．

4.3.2 溶接欠陥と不具合発生防止

溶接条件が適正であり，強度および靱性が適正であっても，割れや溶接金属中に欠陥が存在すると，それが断面欠損や破壊起点となり，溶接継手としての性能が著しく低下する．その結果，設計で想定される継手性能を発揮できないまま早期に破断することもある．

建築分野で用いられるガスシールドアーク溶接において発生する代表的な溶接欠陥としては，図4.15に示すアンダーカット，オーバーラップ，スラグ巻込み，溶込み不良，融合不良，ブローホール，ピット，脚長の過不足，余盛過大，および図4.16に示す割れなどがある．以下にそれぞれの発生原因と対策および補修要領を示す．

（1） アンダーカット

アンダーカットは，溶接した部分において溶接ビードと母材の境目に溶接に沿ってできた細長い溝または凹みで，溶接金属が開先部や溶融した母材部を十分に埋めきれないで残った凹みである．溶接時には少なからず生じるものであるが，凹みが大きいと形状不連続による応力集中源となり，溶接部の強度低下を招き，疲労・脆性破壊の起点となる場合もある．溶接棒の運棒が不適切な時や溶接電流が高い時に発生する．補修は3.2～4mm径の溶接棒を用いて補修溶接を行い，必要に応じてグラインダーなどで形状を整えることが一般的である．

（2） オーバーラップ

オーバーラップは溶接金属が垂れ下がるなどの原因で母材面に重なる形状不良である．溶接電流が低すぎる，溶接棒が太すぎる，また運棒が遅すぎる場合などに発生する．補修はグラインダーなどで削除し，仕上げを行うのが一般的である．

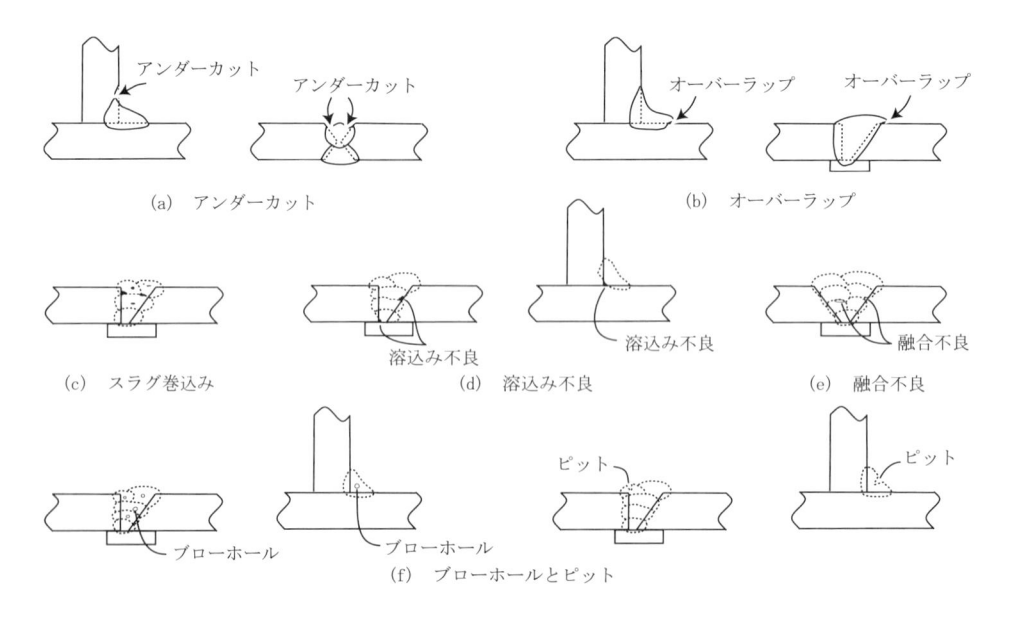

図4.15 溶接欠陥の主な種類

（3） スラグ巻込み

スラグ巻込みは溶接金属にスラグが巻き込まれる欠陥である．多層溶接で前の層のスラグ除去が不完全な場合，溶接条件が不適切なときやルート間隔が狭い場合にも発生する．補修は超音波探傷検査などから欠陥位置を特定したうえで，アークエアガウジングなどを用いて欠陥部を完全に除去し，舟底形に溝を整形してから補修溶接を行うことが一般的である．

（4） 溶込み不良

溶込み不良は溶接金属の底（特に初層部）に溶けていない部分が残っている状態の欠陥である．原因は溶接条件や溶接棒選定が不適切なことが考えられる．補修はスラグ巻込みの補修要領に準じて行う．

（5） 融合不良

融合不良は母材と溶接金属または溶接金属同士が融合していない状態の欠陥である．原因は，溶接速度が速い場合や溶接電流が低い場合などの溶接条件の不適切や，溶接棒の保持角度の不適切などが考えられる．補修はスラグ巻込みの補修要領に準じて行う．

（6） ブローホール・ピット

ブローホールとピットは，ともに溶接金属が凝固する過程で発生した気泡で，溶接金属内部に残ったものがブローホールであり，表面まで浮き上り開口したものがピットである．原因としては次の4つが代表的なものである．

①溶接部分（開先内など）に残る油，さび（錆），ペンキなどの不純物
②風が強い，シールドガス流量が少ないなどの理由によるシールド不良
③溶接棒が吸湿されている
④亜鉛めっき部材を溶接した場合

発生を防止するには，鋼材表面を溶接前に十分に清掃し，油，さび，ペンキなどの不純物を取り除く，防風対策とシールドガスの流量を適正に保ちシールドを十分に確保する，溶接棒の乾燥管理を十分に行うことなどが有効である．シールド不良が原因の場合は同じ状態で溶接を行っているので，溶接線全線にわたって非常に多くの欠陥を誘発することとなる．補修をする前に発生原因を調査し，防止対策を施すことが重要である．補修はアークエアガウジングやグラインダーなどでブローホール・ピットをはつり取った後に補修溶接をする．軽微なピットで補修溶接により消失するようなものは，はつり取る必要はない．

（7） 割　　れ

溶接欠陥の中で割れは溶接部の破壊につながる最も重大な欠陥であり，構造耐力上支障のあるものは許されない．図 4.16 に割れの種類を示す．割れには溶接金属に発生するものと母材に発生するものがある．

（a） 溶接金属に発生する割れ

溶接金属の割れは，発生する温度で高温割れと低温割れに区別される．高温割れは鋼の凝固温度かその直下で発生し，凝固直後のまだ延性に乏しい溶接金属に引張応力が作用して割れる．この割れはクレーター部の割れとして現れやすい．低温割れは，溶接金属が約 200℃ 以下に冷却されたと

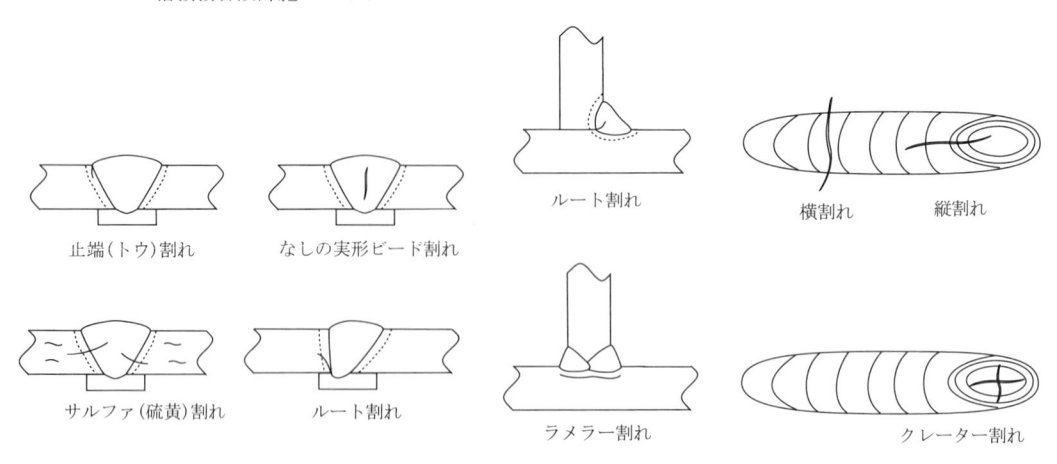

図4.16 溶接割れの種類

きに溶接金属中の水素などが関与して発生する．完全溶込み溶接や隅肉溶接の初層のルート割れがその典型である．

（b）母材部に発生する割れ

母材部に見られる割れは，熱影響部に発生する止端割れとルート割れが大部分である．これらは低温割れの代表的なものであり，母材の炭素当量，溶接金属中の水素および継手の拘束が高いほど発生しやすい．

（c）割れの防止策および補修方法

高温割れ，低温割れとも割れが発生する施工上の要因としては部材の拘束が強く，引張応力が作用することと，溶接金属中の水素量が高いことがあげられる．これらの要因を低減して割れを防止するには以下の方法が有効である．

①低水素系溶接棒，さらには被覆アーク溶接よりガスシールドアーク溶接を選び，溶接金属中の水素量を低減する．
②適当な予熱と後熱を行い，溶接金属中の水素を冷却過程で十分に放出させ水素量を低減する．
③溶接条件，溶接順序を検討して拘束を軽減する施工を行い，継手部に作用する引張応力を低減する．
④炭素当量の少ない鋼材を選ぶ．

割れが発生した場合は，これをアークエアガウジングまたは切削で完全に取り除き，割れが完全にないことを確認したうえで，グラインダーで溝を舟底形に整形し，適正な予熱を施して補修溶接をする．その後，再検査で割れが完全になくなったことを確認する．

4.3.3 めっきを施工する鉄骨製品の溶接

鉄骨製品を溶融亜鉛めっき（以下，めっきと称する）する場合の溶接施工については通常の溶接施工とは異なる配慮が必要である．鉄骨製品をめっきする方法としては，めっき槽へ鉄骨製品を一定時間直接漬ける方法と，亜鉛溶射する方法の2通りがある．溶接施工で配慮が必要なものは主に

前者の場合である．以下にその主な要点を列記する．めっき製品の標準的な溶接ディテールを図 4.17 に示す．詳しくは【JASS6】や【技術指針・工場】，参考文献 4.3)を参照するとよい．

（1） 裏当て金は用いずに K 形開先による裏はつり方式の溶接で施工する．

（2） 溶接に用いるワイヤはソリッドワイヤではなく，フラックス入りワイヤを用いるとよい．これにより滑らかなビード表面が得やすくなり、メッキ前のスラグ・スパッタの除去やビードの仕上げが簡単になる。

（3） めっき槽から引き上げる際に，ガセットプレートなどに亜鉛が溜まったままとならないようにめっき抜きの孔加工をしなければならない．

（4） めっき槽での溶融亜鉛の熱により，鉄骨製品が変形することがある．特に，板厚の薄い部材などに多く発生するので薄板構造などでめっきする場合は注意が必要である．

（5） めっき割れに配慮する．めっき割れは，めっき過程において溶接部や母材部に発生する割れである．その原因については現在もさまざまな研究がなされているが，まだ十分に解明されてはいない．しかし，大きな発生因子としては，さまざまな板厚の鋼材が集合する部位での板厚差に起因するめっき浸漬中の熱応力（浸漬速度が遅い場合に多く発生する），引張残留応力の影響や鋼材の化学成分や材質など種々の要因が考えられる．

変形や割れに対して十分な安全性を確認できていない部材にめっきを施工する場合は，めっき施工確認試験を事前に実施することが望ましい．

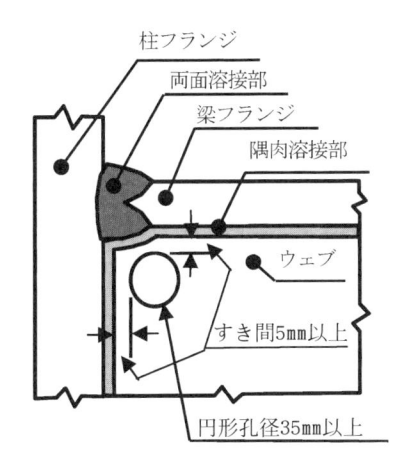

図 4.17 めっき構造の標準的なディテール[4.1]

4.3.4 精度の確保

（1） 開 先 加 工

開先加工は完全溶込み溶接部の溶接品質に直結する前工程であり，その精度確保は重要である．開先加工の精度が悪いと，所定のルート間隔が確保できなかったり，溶接の狙い位置に狂いが生じて溶接欠陥の発生を誘発する．また，製品の寸法精度にも直接影響する．開先加工の方法とその特色を理解した上で，中間検査時などに開先加工精度や組立て精度の確認を十分に行うことが重要である．

開先加工の方法には機械加工とガス切断加工があるが，現在は機械加工が大部分であり，特殊な場合にガス切断加工を行っている．機械加工は，開先加工専用の切削加工機で行うもので十分な加工精度が得られるが，切削油を用いる機種では開先面に切削油が残ると溶接部にブローホールなどの溶接欠陥を発生させるので，十分に清掃する必要がある．ガス加工法は自動ガス切断機によるものであり，簡便で加工精度もよく十分なものが得られる．ベベル角度は0～60°の範囲で5°ピッチで調整が容易にできる．開先面の表面粗さは切断条件を遵守することで50μmRz（十点平均粗さ）以上を確保することができる．しかし，手動のガス切断では自動ガス切断に比べて切断面の精度・品質が非常に劣るので原則として用いるべきではなく，自動ガス切断機を用いることができない部位や，やむを得ない場合に限らなくてはならない．

（2） 組立てと精度確保

組立ては前加工された多くの部材や購入品などを最終鉄骨製品の形に組み立てる工程であり，製品の最終精度を決定する重要な工程である．溶接施工の順序，溶接変形，使用する溶接システムなどを十分に考慮したうえで，各製作工場の工作基準に従って行われる．

組立ては作業に適した定盤や治具を用いて行われるが，溶接方法や工場の設備によりさまざまな方法があり，各製作工場のノウハウでもある．重要なのは，各製作工場から提出される製作要領書の内容が設計図書の精度品質を満足させるために適切かどうかを製作担当者と十分に協議することであり，その組立て工程が実現されているかを中間検査などにより確認することである．その際の主なポイントは以下に示すとおりである．

①各部材が所定の寸法で切断されて組み立てられているか．
②各部材が製作要領書で想定されている溶接変形を考慮した製品位置に組み立てられているか．
③溶接部の開先形状および組立て精度は所定のとおりか．
④溶接部に油，塗料，さびなどの汚れが付着していないか．
⑤特に仕口部ではダイアフラムが現場で接合される梁断面と食違いをおこす可能性がないかなど，梁寸法も考慮して確認する．

（3） 組立て溶接による材質劣化などの防止（ショートビードなど）

組立て溶接は，本溶接を行う前に部材を所定の位置で固定するための"仮"の溶接でもあり，おろそかになりがちではあるが，本溶接の一部ともなるので本溶接と同等な品質でなければならない．一方，組立て溶接は工場での組立て上の制約から，下向溶接だけではなく，横向，立向，場合によっては上向で行わなければならないこともあり，しかも入熱が小さいために急熱・急冷となり，溶接姿勢や冶金的にみても本溶接よりもむしろ厳しい施工条件になる．したがって，組立て溶接は，本溶接と同等の品質を確保するために以下に示すような条件を満たして施工する必要がある．

（a） 溶接技能者の資格

【JASS6】では最低条件としてJIS Z 3801またはJIS 3841の基本となる級（下向溶接）の有資格者．

（b） 溶接材料

被覆アーク溶接に用いる溶接棒は本溶接に用いるものと同じ強度レベルで，割れ対策から低水素系のものが望ましい．ガスシールドアーク溶接は拡散性水素量が非常に少ないので組立て溶接にも

適している．

（c） 組立て溶接の長さと位置

組立て溶接は部材の組立て・運搬・本溶接作業において組立て部材の形状を保持し，また，組立て溶接が割れないように最小の溶接長さを40mm（板厚6mmを超えるもの）または30mm（板厚6mm以下）とし，かつ十分な脚長をもつビードを適切な間隔で配置する．また，組立て溶接に先立ち，位置決めの目的でショートビードの溶接が行われるが，この場合は長時間放置しないで，その上から組立て溶接を行い，再熱効果で溶接部硬化を緩和させる必要がある．

組立て溶接を行う位置は強度上，工作上問題となる場所は避けて行うことが望ましい．組立て溶接のピッチは400mm程度を標準として，曲線部など密着が困難な場合はさらに密にする．また，開先内には原則として組立て溶接は行わない．

（5） 矯　　　正

鉄骨製品は溶接の熱変形により，大曲りや断面の変形，長さの縮みなどのひずみが発生する．製作段階において，予想される変形に対して，縮み代を設けたり逆ひずみを与えたりして最終的に発生するひずみを軽減しているが，【JASS6 付則6】「鉄骨精度検査基準」付表4に示される許容差を超えた場合は矯正をしなければならない．

矯正には常温矯正法と加熱矯正法がある．常温矯正法は部材の変形部を加圧し，塑性変形させて矯正する方法である．加熱矯正法はガスバーナーなどを用いて加熱して矯正する方法である．加熱の仕方により，線状加熱法，点状加熱法，くさび形加熱法などがある．

加熱矯正法は矯正部を急速に加熱して急速に冷却するほうが効果がある．しかし，急速冷却は鋼材の材質劣化を招くことから，加熱は900℃以下とし，水冷は650℃以下になってから行う．また，加熱時間，加熱範囲は最小限にとどめて熱影響を鋼材表面近傍のみに止めるように管理することが重要である．

4.4　品質管理の留意点

品質管理とは，【JASS6】では品質マネジメントの一角をなすもので，設計図書で要求される鉄骨製品を確保することに焦点を合わせた体系的活動と定義されている．特に，鋼構造における溶接接合部は鉄骨製品の根幹をなす重要な部位であるため，その品質を確保するためには，溶接前・溶接中・溶接後における各工程での一貫した品質管理が十分に徹底されることが必要である．

4.4.1　溶接前検査

（1） 溶接前のチェック項目

溶接の品質管理において，溶接前のチェックが占める役割は大きい．溶接前のチェック項目には，溶接施工計画時に製作要領書を確認することにより行う施工要領に関するものと，溶接作業時に目視や計測器を用いて行う作業環境・材料・器具・工作・組立てに関するものとがある．前者を表4.11に，後者を表4.12に示す．なお，工作・組立てのチェック項目は【JASS6 付則6】「鉄骨精度検査基準」に記述されている．

表4.11 施工計画時に確認する溶接前検査の検査項目[4.1]

分類	確認項目	方法
材料・器具	使用鋼材と溶接材料との組合せ,溶接方法適用区分,溶接条件	製作要領書
工作	開先要領,開先加工要領,エンドタブ取付け要領,組立て・溶接順序	製作要領書
組立て	予熱要領,エンドタブ切断・除去の有無,裏はつり要領,ビード・仕上げの要領,スカラップ加工要領,不良発生時の手直し要領	製作要領書
検査	外観検査の要領,非破壊検査の要領	製作要領書

表4.12 溶接作業時に確認する溶接前検査の検査項目[4.1]

分類	試験・計測・確認項目	方法
環境	作業環境,溶接環境,安全衛生上の事項	目視
材料・器具	電源容量および安定性 溶接材料の種類および組合せ 溶接材料の状態 使用器具の良否 使用器具の状態	目視および計測 目視
工作・組立て	開先の形状 開先の寸法（角度・ルート面） ルート間隔,食違い,すき間 裏当て金の取付け状態,組立て溶接. エンドタブの取付け状態	目視 ゲージ ゲージまたはスケール 目視
その他	溶接面の清掃の良否 予熱の確認	目視 温度チョークまたは温度計

（2）開先形状およびルート間隔

良好な溶接を行うためには，板厚に応じた適切な開先形状とルート間隔が必要である．

（a）開先面

開先面に生じた著しい凹凸やノッチは，欠陥の発生原因となるので，グラインダーでできるだけ平滑になるように仕上げる．凹凸（粗さ）は通常目視による判断で十分であるが，必要な場合はガス切断面の対比試験片と比較するか，表面粗さ計で計測してみる．ノッチの深さも通常は目視による判断で十分であり，必要な場合は溶接ゲージで測定する．

（b）開先角度

開先角度やルート間隔が広すぎると大きな収縮や変形が生じやすい．また，狭い場合には溶込み不良や割れなどの原因となる．開先角度・ベベル角度は溶接ゲージで測定し，ルート間隔はすき間ゲージやスケールで測定する．

（3）食違い，仕口のずれおよび隅肉溶接部のすき間

（a）食違い

突合せ継手において食違い〔図4.18参照〕が生じると，材片相互に偏心が生じて継手の強度が

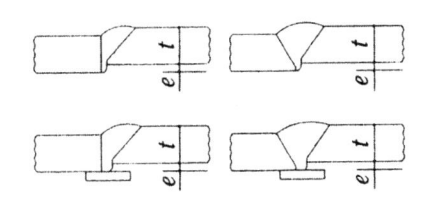

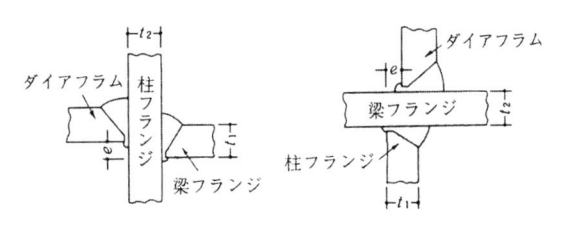

図 4.18 食違い[4.2)]　　　　　　図 4.19 仕口のずれ[4.2)]

低下する原因となる．また，裏当て金との間にすき間が生じ欠陥発生の原因となる．食違いはすき間ゲージまたはスケールを用いて測定する．なお，食違いと次項の仕口のずれは，溶接施工後の検査で不合格となると補修が困難であり，場合によっては再製作となることがあるため全数確認が必要である．

　（b）　仕口のずれ

　十字継手においてずれ（図 4.19 参照）が生じると，材片相互に偏心が生じて力の伝達が滑らかでなくなり応力集中の原因となる．仕口のずれは，【精度指針】で示されているような専用の治具を用いて測定する．

　（c）　隅肉溶接部のすき間

　材片相互の密着が悪くすき間が大きいと，のど厚が不足し，継手の強度低下の原因となる．すき間は，すき間ゲージを用いて測定する．

（4）　裏当て金とエンドタブの取付状態

　（a）　裏　当　て　金

　裏当て金は，本体に密着していないとルート部の欠陥発生の原因となるので注意が必要である．取付状態は目視によってチェックする．

　（b）　鋼製エンドタブ

　エンドタブの長さは，始端部の溶込み不良等が避けられ，終端のクレーターが完全にエンドタブ内に収まるような長さが必要であり，最低 30mm 以上が必要である．また，ルート間隔や開先角度に合わせて取り付け，本体にできるだけ密着させる．

（5）　組立て溶接

　組立て溶接が短いと溶接箇所が急冷硬化して割れが生じやすくなるので，少なくとも 40mm 以上が必要とされている．組立て溶接の位置は，材端，端部，角部など強度上および工作上問題となりやすい箇所は避けることが望ましいが，実際には部材の変形，運搬やひずみの防止などを考えて，少なくとも材端部から 5mm 程度以上離れた箇所で行うべきである．組立て溶接の検査は目視で十分であるが，その長さ，位置，ビード表面の不正，割れ，母材の著しいアンダーカット，ピットの有無をチェックする．

（6）　溶接面の清掃

　溶接面に付着している湿気，さび，塗装，油類，組立て溶接のスラグなどは，割れやブローホールの原因となるため，ワイヤーブラシなどで除去するか，必要に応じてガス炎により湿気，塗料，

油類を焼失させることが必要である．

(7) 開先形状・すき間の補修

開先形状，ルート間隔，すき間が大きい場合の補修方法の一例を示す．

(a) ルート面

ルート面が大きすぎる場合は，アークエアガウジングまたはグラインダーで滑らかに修正する．なお，開先角度が正規寸法より－5度を下回らないように注意して行う．

(b) ルート間隔

ルート間隔が狭い場合は，アークエアガウジングまたはグラインダーで滑らかに修正する．アークエアガウジングによる凹凸が著しい箇所はグラインダーで修正する．なお，開先角度が正規寸法より－5度を下回らないように注意して行う．やや広い場合には開先面に細かく肉盛溶接（バタリング）してから開先面を仕上げる．なお，このとき，裏当て金の長さはルート間隔に応じて幅が十分に大きなものを使用する必要がある．広すぎる場合は溶接が過大となり材質に悪影響を及ぼすので監理者と協議の上，ブラケットを製作し直すなどの対応が必要となる．

4.4.2 溶接中検査

(1) 溶接中検査のチェック項目

溶接中のチェックは，製作要領書どおりの施工条件で溶接が行われているか否かを確認するために行われる．チェック作業は，作業中の溶接技能者を妨げないように行わなければならない．表4.13に溶接中の計測・確認するチェック項目を示す．

表4.13 溶接中の検査項目[4.1]

試験・計測・確認項目	方　法
溶 接 順 序	目　視
溶 接 電 流	計　器
アーク電圧	計　器
溶 接 速 度	経験・計器
運　棒　法	目　視
ビードの置き方	目　視
アークのねらい位置	目　視
前層までのビードの状態	目　視
各層間のスラグの除去	目　視
裏 は つ り	目　視
予熱・パス間温度	温度チョーク・計器
棒またはワイヤ径の選択	目　視

（2） 溶接電流・アーク電圧・溶接速度

　ガスシールドアーク溶接では，溶接機に電流計・電圧計が組み込まれているので，これらの計測器によって容易に溶接電流・アーク電圧などをチェックすることができる．しかし，一般に溶接機に組み込まれている計測器は，誤差を生じていることがあるため，定期的に精度を確認する必要がある．その場合は，直流が計測できるクランプメータで計測する必要がある．

（3） 溶 接 材 料

　被覆アーク溶接用の溶接棒には，棒端部に棒の種類を識別する塗色がメーカーごとにされている．したがって，塗色によって確認することができる．組立て溶接に被覆アーク溶接棒を使用する場合があるが，低水素系溶接棒が使用されているか確認する必要がある．低水素系溶接棒は，あらかじめ300～400℃程度で30分～1時間の乾燥がされ，実際に使用するまで100℃程度で保持されていなければ，被覆（フラックス）が吸湿してしまい，割れを誘発する原因となるため注意が必要である．

　ガスシールドアーク溶接用には，ソリッドワイヤとフラックス入りワイヤがあるが，組立て溶接用にはソリッドワイヤ，本溶接には両者が使用される．ソリッドワイヤの外観は銅色，フラックスワイヤはグレー系であることが多いため，識別は容易である．

　溶接ワイヤ径は$\phi1.2$または$\phi1.4$が使用されることが多いが，組立て溶接用には$\phi1.2$以下が適切である．溶接ワイヤはYGW11が使用されることが一般的であるが，近年ではYGW18が使用されることも多くなってきている．ワイヤリールやワイヤ梱包箱に貼り付けられている識別ラベルによって確認できる．使用するワイヤによって溶接施工条件が異なるため，ワイヤの識別は重要である．

（4） 予　　　熱

　板厚が厚い場合または鋼種が$490N/mm^2$を超える場合や気温が－5℃～＋5℃の時に溶接する場合には予熱が必要となってくる．予熱を行う範囲は，溶接部を挟んで100mm程度で，ガスバーナーなどで加熱して行うことが多いが，できるだけ均一に加熱することが必要である．

　予熱温度を確認する場合は，一般に温度チョークが使用されている．温度チョークは予熱温度に最も近い温度のものを使用しなければならない．また，開先から100mm程度離れた位置での温度が予熱温度と規定されているので注意が必要である．

（5） 入　　　熱

　溶接電流・アーク電圧・溶接速度は，入熱管理に重要な因子であるが，特に溶接速度は入熱の大小に大きく影響する．過大なウィービングによっては入熱が大きくなるため，20mm程度に制限するべきである．大まかには，積層パス数によって管理すれば十分である．

（6） パス間温度

　鉄骨製作工場認定制度の性能評価基準では，鋼材と溶接ワイヤの組合せに応じて，パス間温度が規定されている．例えば，$400N/mm^2$級鋼とYGW11の組合せではパス間温度350℃以下で，$490N/mm^2$級鋼とYGW11の組合せではパス間温度250℃以下で溶接施工することになっている．パス間温度の確認は，温度チョーク，接触型表面温度計または非接触型温度計を用いて行い，溶接

線の中央の開先の肩から10mmの位置で測定する．パス間温度の測定はパスごとに行う必要はなく，数パスごとで十分であるが，事前にどの程度のパスごとに計測・確認していくかを決めておくことが必要である．

（7）パスごとのスラグの清掃

多層盛溶接では，各パス間のスラグの除去，清掃を欠かすことができない．なお，ガスシールドアーク溶接の場合はスラグの生成が少ないため，数パスごとに清掃が行われる．スラグ除去用には，チッパーが使用される．使用する溶接ワイヤによって発生するスラグの量が異なり，YGW18を使用した場合には，表面のスラグは硬く生成される量も多くなるため，スラグ除去を十分に行うことが必要である．

4.4.3 溶接後検査

（1）溶接後のチェック項目

溶接後のチェックは，溶接部が目標品質を確保しているか否かを確認するために行う．表4.14に溶接後に計測または確認するチェック項目を示す．なお，これらのチェック項目のうち，外観・表面欠陥・寸法については，【JASS6】により許容差が定められている．製作工場の品質管理では管理許容差が，受入検査では限界許容差が主に用いられている．

表4.14 溶接後の検査項目[4.1]

分 類	試験・計測・確認項目	方 法
外観および表面欠陥	ビード表面の整否	目 視
	ピ ッ ト	目 視
	オーバーラップ	目 視
	オーバーハング	目 視
	余盛止端形状	目 視
	アンダーカット	目視・計器
	クレーターの状態	目 視
寸 法	余盛の寸法	計 器
	溶 接 長	計 器
	隅肉の脚長，補強隅肉の大きさ	計 器
	隅肉の不等脚	計 器
内部欠陥	割 れ	非破壊検査
	融 合 不 良	非破壊検査
	溶込み不良	非破壊検査
	スラグ巻込み	非破壊検査
	ブローホール・ウォームホール	非破壊検査
処 理	エンドタブの処理	目 視
	スパッタ除去の良否	目 視
	回し溶接	目 視

（2） ビード表面の不整とクレーターの状態

溶接ビード表面は，波目が均一で，凹凸の高低差，ビード幅の不揃いの少ないものがよいが，許容値に対して1～2mmを云々するような項目ではないことに注意する．また，溶接ビード形状は，溶接法・溶接棒の種類・溶接姿勢によって大きく異なるため，不慣れな検査者は安易に良否を判定すべきではない．したがって，あらかじめそれらを確認してから検査を開始することが必要である．

溶接ビードの終端には必ずクレーターという凹みができる．クレーターには欠陥が生じやすいので，ビードの継ぎ目，ビードの終端において，クレーターが溶接で完全に埋められて，凹みが残っていないかどうかを目視で確認する．クレーターは，ウィービングが大きいとき，溶接電流やアーク電圧の値が高いときには大きくなりやすいため，あまり過大な溶接条件やウィービングは避けた方がよい．

（3） ピット

ピットのうち，特に強度上問題となるのはガスシールドアーク溶接における密集したピットとサブマージアーク溶接における連続したピットで，これらのピットはアークエアガウジングではつり取った後，再溶接する必要がある．【JASS6】における限界許容差は，溶接長300mmあたり2個以下となっているが，大きさが1mm以下のものは3個として取り扱うことになっている．ただし，開先の状態やシールドガスなど溶接上初歩的ミスによることが多いので，複数ある場合は注意する必要がある．

（4） 隅肉溶接のサイズ

隅肉溶接の寸法は，サイズ，脚長およびのど厚で表される．【JASS6】では脚長は用いずに，サイズでのど厚を規定している．サイズは内接直角二等辺三角形の短辺の長さである．所定ののど厚を確保するために，必要サイズが決定される．

（5） 鋼製エンドタブの処理とスパッタの除去

エンドタブは，応力伝達上からは溶接終了後除去してきれいに仕上げるのが理想であるが，一般にその作業は手動ガス切断によるため，切断の際に母材を欠損させたりして，むしろ製品の性能を損なうことが多く，また，切断および仕上げのための時間とコストが非常に大きくなる．

【JASS6】では，エンドタブの切断の要否および切断要領は特記により，構造上，または施工上に支障がない場合は切断しなくてもよいと規定している．

エンドタブの処理の検査は，母材に欠損がないか，切断面に著しいノッチがないかを目視で検査する．スパッタは，高力ボルト摩擦面に付着したものは完全に除去してあるか目視で検査する．その他の部分に付着したものについては，美観上，または他の溶接検査に支障がない程度であれば，特に問題はない．

（6） 余盛高さ

完全溶込み溶接突合せ継手の場合，のど厚を接合される薄い方の母材板厚以下としてはならない．また，完全溶込み溶接T継手の場合は，板厚の1/4に相当する余盛高さが必要であり，応力集中に対する配慮から，ビード外観はできるだけ滑らかな方がよい．

余盛高さの計測は限界ゲージまたは溶接ゲージで行うが，通常は目視のみで行い，部分的に過小

または過大となっている箇所を計測してチェックする．

（7） アンダーカットとオーバーラップ

アンダーカットの検査は大部分目視で行えばよい．微妙な部分にはアンダーカットゲージを用いて測定を行うことが多いが，アンダーカットゲージの使用方法によっては深さが0.3 mmを超えるか否かの判定や見解が極端に異なるため，ダイアルゲージを利用した簡便なアンダーカットゲージを利用するなど正確に測定する必要がある．判定や見解が異なる場合には，アンダーカット部分をコンパウンドによる型取法を用いてレプリカを作製し，アンダーカットの形状および深さを確認するのがよい．

オーバーラップは，溶接金属がビード止端部で母材と融合しないで重なった状態をいい，目視による検査では判別が困難な場合も多い．疑わしい場合には，ポータブルグラインダーなどで溶接止端を滑らかに仕上げて確認すればよい．

（8） 回し溶接

隅肉溶接の両端部は，通常では回し溶接が必要である．回し溶接の検査は，隅角部にアンダーカットや溶落ちがないか，均一に溶接されているかを目視または触って検査する．特に梁端のスカラップ部の回し溶接は構造性能に影響するので，避けるのが肝要である．

回し溶接は非常に施工が困難な箇所が多く，厚板でスカラップの小さい場合や，狭隘な部分，仕口パネル内のスカラップ部等の回し溶接は，ある程度不完全であってもやむを得ない．アンダーカットや溶落ちの深さが1 mmを超えない範囲では，滑らかに仕上げた方がよく，不用意に補修溶接を行うと，かえって回し部分が硬化して，そこが破壊の起点になることがあるため注意する．

（9） 内部欠陥

溶接の内部欠陥検査は，建築鉄骨では超音波探傷試験によることが一般的であるが，専門性が高いため，鉄骨検査に熟練した探傷技術者に委ねることが多い．詳細は5.4.2項で述べている．

参考文献

4.1） 日本建築学会：鉄骨工事技術指針・工場製作編，2007
4.2） 日本建築学会：建築工事標準仕様書 JASS 6 鉄骨工事，2007
4.3） 溶接学会：建築鉄骨における溶融亜鉛めっき割れの発生とその防止法，2007.12

5章　柱梁接合部

5.1　概　　説

　現行の一般的な耐震設計では，大地震に対して骨組の塑性変形を許容し，塑性化によるエネルギー吸収により耐震性能を確保しようと考えている．ラーメン骨組の地震時の曲げモーメント分布は，図3.1に示したように接合部位置で極大となる．梁端部に塑性ヒンジが形成されて，この塑性ヒンジの回転によるエネルギー吸収を期待する設計が行われる．もし，柱梁溶接接合部に不備があると，梁端部の塑性化が生じる以前に，前掲した写真1.1および1.2に見られるような溶接部の破断が生じ，耐震性能を著しく損なう．

　現在用いられている柱梁接合部の構成方法について述べる．鋼構造ラーメン骨組の柱梁接合部は，剛接であると仮定される．仮定した以上は，なるべく剛接となるように設計し，施工する必要がある．H形鋼柱や角形鋼管柱にH形鋼梁を単に接合しただけでは，剛接合とはならない．なぜなら，図5.1に示すように柱フランジが面外に「ぺこぺこ」と曲げ変形（局部変形と呼ばれる）するからである．この変形を防ぐには，少し細工を施してやる必要がある．

　柱がH形鋼柱の場合は，比較的容易に十分剛な接合とすることができる．柱フランジの局部変形を防ぐために，図5.2に示すように，梁フランジと同一レベルに水平スチフナを設ければよい．一方，角形鋼管柱や円形鋼管柱のように閉鎖形の断面柱の場合では，ことは容易ではない．現在，角形鋼管柱梁接合部を剛接とする代表的な工法に，図5.3に示す(a)通しダイアフラム形式，(b)内ダイアフラム形式，(c)外ダイアフラム形式，の3種類がある．

　図5.3(a)の通しダイアフラム形式は，低層から高層に至る建物に広く用いられている接合部構成方法である．角形鋼管柱はいったん切断され，ダイアフラム（横隔膜という意味）と接合部パネルが溶接により接合される．このダイアフラムに梁フランジを溶接接合する．梁ウェブを角形鋼管に溶接接合する．最後に上下の柱をダイアフラムに溶接接合して完成する．この製作方法は，実は手間のかかる仕事である．角形鋼管柱とダイアフラム，梁フランジとダイアフラムとの溶接は，完全溶込み溶接とするために開先加工を行なう必要があり，溶接量も多い．また，溶接に伴うひずみを正確に見込んで製作しないと食違い等の不具合が発生する．ただし，この接合形式では，接合部周辺の完全溶込み溶接を全て下向きで施工できるというメリットがある．

　図5.3(b)の内ダイアフラム形式は，一般に超高層建物に使われる溶接組立箱形断面柱に対して用いられる接合形式である．3.4.5項で述べたエレクトロスラグ溶接を用いて，あらかじめ内蔵された内ダイアフラムと柱を溶接接合する．この接合方法は，特殊な装置と技術力が要求されるため，一般の鉄骨製作工場では製作することはできない．本書ではこの形式を扱わない．ただし，角形鋼管柱に内ダイアフラムを取り付ける場合もあり，これについては5.5.1(2)で述べる．

　図5.3(c)の外ダイアフラム形式は，角形鋼管柱の内部にダイアフラムを設けるのではなく，柱

図 5.1　接合部の局部変形

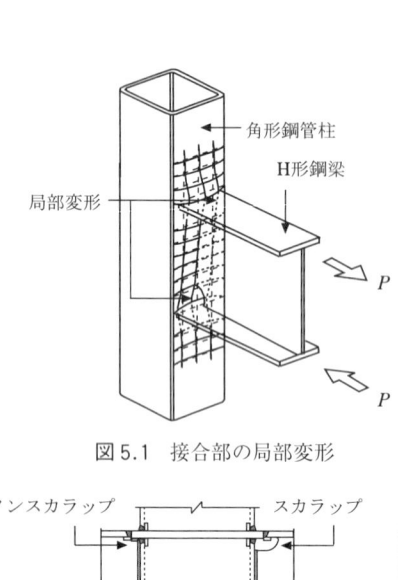

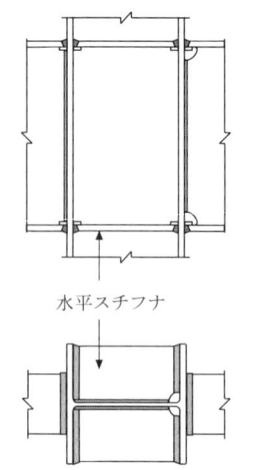

図 5.2　H形鋼柱梁接合部の補剛

（a）通しダイアフラム形式　　（b）内ダイアフラム形式　　（c）外ダイアフラム形式

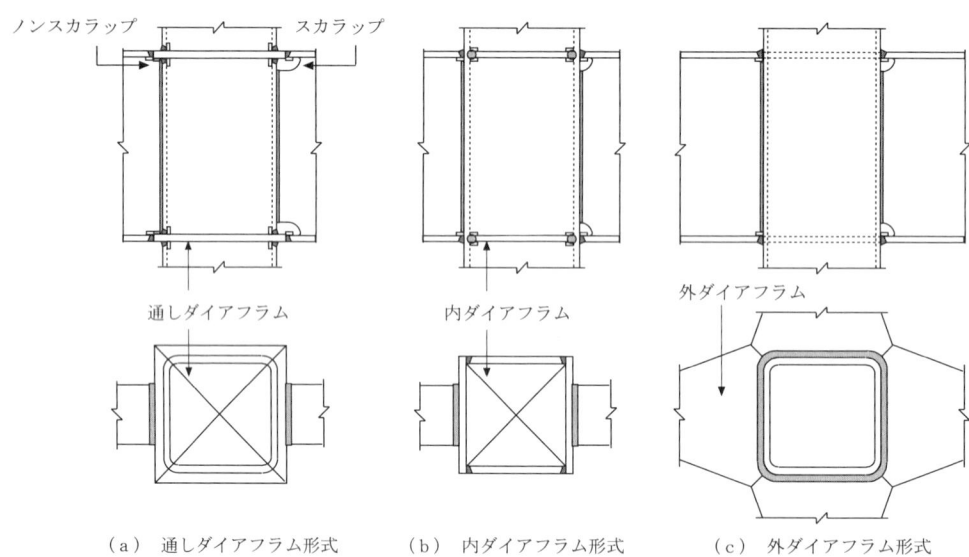

図 5.3　角形鋼管柱梁接合部の補剛

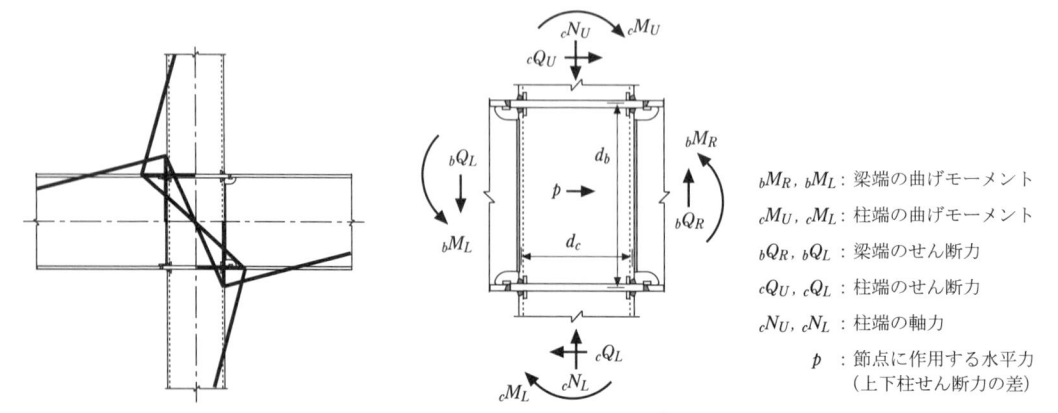

(a) 柱梁接合部における曲げモーメント分布　　(b) 柱梁接合部に作用する応力

$_bM_R, _bM_L$：梁端の曲げモーメント
$_cM_U, _cM_L$：柱端の曲げモーメント
$_bQ_R, _bQ_L$：梁端のせん断力
$_cQ_U, _cQ_L$：柱端のせん断力
$_cN_U, _cN_L$：柱端の軸力
p　　　　：節点に作用する水平力
　　　　　　（上下柱せん断力の差）

図 5.4　水平荷重時における柱梁接合部の応力状態

の外周に張り出すように設けたダイアフラムにより梁フランジの応力を柱に伝達しようとするものである．柱が円形鋼管の場合では，補剛材としてリング形状のものを用いることも多く，リングスチフナ形式と呼ばれるものもこの形式に含まれる．通しダイアフラム形式のように柱を切断する必要がなく（柱貫通形式と呼ばれる），溶接工数も少なくなるが，一方では鋼管壁の局部変形を完全には抑えきれず，また，ダイアフラムへの応力集中が生じるので，接合部の剛性・強度を確保するためには，ダイアフラムの形状・寸法のディテールを適切に設計する必要がある．この形式も本書では扱わない．

通しダイアフラム形式の場合は，柱梁接合部に作用する力を次のように考えて設計する．図5.4(a)に接合部の大きさを考慮した場合の曲げモーメント分布を示す．部材のフェイス位置で曲げモーメントは極大となり，そこに溶接部が存在する．図5.4(b)に柱梁接合部に作用する応力を示す．接合部では，図中に示す応力が次の力の釣合式を満足する．

$$_cN_U + (_bQ_L - _bQ_R) = {_cN_L}$$
$$_bM_R + {_bM_L} + (_bQ_R + {_bQ_L})d_c/2 = {_cM_U} + {_cM_L} + (_cQ_U + {_cQ_L})d_b/2 \tag{5.1}$$

図5.5に溶接部に作用する応力を示す．梁フランジに生じる応力 $_{bf}N_R$ および $_{bf}N_L$ は，梁フランジの溶接部（A部）を介して通しダイアフラムに伝達し，通しダイアフラムと柱ウェブおよび接合部パネルとの溶接部（B部およびC部）を介して柱せん断力 $_cQ_U$ およびパネルせん断力 $_pQ$ と釣り合う．したがって，A部には垂直応力度が，B部およびC部にはせん断応力度が発生することになる．

柱の曲げモーメント $_cM_U$ は，主として柱フランジの溶接部（D部）を介して通しダイアフラムに伝達し，接合部パネルフランジ溶接部（E部）を介してパネルモーメント $_pM$ と釣り合う．この時，

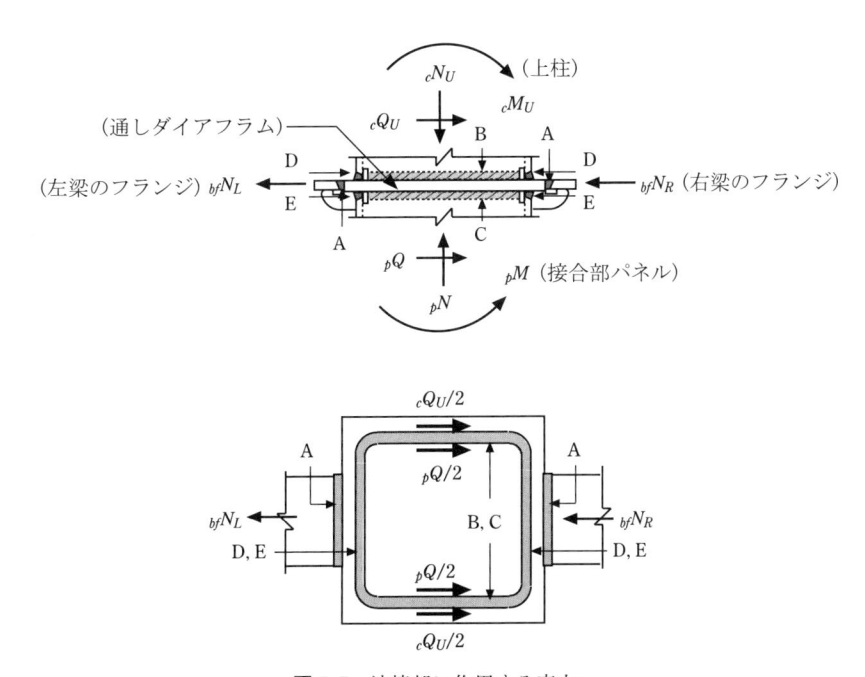

図5.5 溶接部に作用する応力

D部およびE部には垂直応力度が発生し，通しダイアフラムには板厚方向の応力が生じる．柱軸力 $_cN_U$ は，柱側の溶接部（B部およびD部）を介して通しダイアフラムに伝達し，接合部パネル側の溶接部（C部およびE部）を介してパネル軸力 $_pN$ と釣り合う．この時，それぞれの溶接部には垂直応力度が発生する．

5.2 設計の要点
5.2.1 梁端溶接接合部の最大曲げ耐力

耐震設計では，梁端に塑性ヒンジを形成させることにより骨組のエネルギー吸収能力を確保しようとする設計が行なわれる．この設計法が成立するためには，梁端部が塑性回転している間に接合部が破壊してはいけない．そのために，【接合指針4章】では下式の条件を設けている．

$$_jM_u \geq \alpha \cdot {_bM_p} \tag{5.2}$$

ここで，$_jM_u$ は梁端接合部の最大曲げ耐力，$_bM_p$ は梁の全塑性モーメントであり，α は接合部係数と呼ばれる1.0よりも大きい係数で，要は梁端接合部は，$\alpha \cdot {_bM_p}$ 以上の曲げモーメントに耐える必要があることを示している．接合部係数 α は，梁に要求される塑性回転，鋼材の引張特性，材料強度のバラツキ（公称値と実勢値の差）などに影響されるが，【接合指針4章】では詳細な検討を行なわない場合の値として，鋼種に応じて1.25～1.40を採用している．

梁の全塑性モーメントは，梁の断面と鋼種が決定されれば計算することができる．梁端接合部の最大曲げ耐力については，【接合指針4章】は下式を提示している．

$$_jM_u = {_jM_{fu}} + {_jM_{wu}} \tag{5.3}$$

ここで，$_jM_{fu}$ は梁フランジ接合部の最大曲げ耐力，$_jM_{wu}$ は梁ウェブ接合部の最大曲げ耐力である．$_jM_{fu}$ は梁フランジ母材の引張強さと塑性断面係数の積として算定される．設計で注意すべきは，$_jM_{wu}$ である．一般に，梁ウェブの梁曲げ耐力に対する寄与度は小さいため，設計上特に配慮する必要はないと考えるかもしれないが，大地震時の梁端接合部では，総力戦となるため，$_jM_{wu}$ も梁端部の塑性回転能力に大きな影響を与える．$_jM_{wu}$ は梁ウェブの全塑性モーメントに基づき算定するが，以下の2つの要因があれば，低減する必要がある．

①柱が角形鋼管や円形鋼管の場合は，鋼管壁の面外変形により梁ウェブ接合部の曲げ耐力が低下する．

②溶接施工のために設けられるスカラップ〔5.3節参照〕により断面欠損が生じる．

図5.6に角形鋼管柱梁接合部の応力分布図の例を示す．梁ウェブ接合部では中立軸近傍の応力が小さく，梁ウェブの全塑性モーメントを伝達し得ないことがわかる．一方，梁端接合部から少し離れると梁ウェブは全塑性状態となる．両者の差（$M_{wp} - {_jM_{wu}}$）は梁フランジが負担することになり，この値が大きいほど，梁フランジ接合部の破断時期が早まることになる．梁ウェブ断面の最外縁，すなわち曲げに対して最も有効に働く位置にスカラップが設けられると，さらに不利な状態となる．

梁ウェブ接合部で伝達できる曲げモーメントは，柱の断面形状，鋼種と梁ウェブの断面形状，鋼種の組合せにより決定される．例として，梁にH-500×200×10×16（SN490B）と柱に□-350×350×t_{cf}（BCR295）の組合せの場合を図5.7に示す．横軸は鋼管幅厚比 B_c/t_{cf} であり，縦軸は【接合指

針4章】の算定式より求まる梁ウェブ接合部の最大曲げ耐力 $_jM_{wu}$ を梁ウェブの全塑性モーメント M_{wp} で無次元化している．太線は，スカラップを設けない場合（ノンスカラップ形式）を示し，細線は，スカラップを設けた場合（スカラップのせい $S_r=35$ mm の場合）を示す．ノンスカラップ形式では，鋼管幅厚比が 16 以下（$t_{cf}=22$ mm 以上）であれば，梁ウェブの全塑性モーメント M_{wp} を伝達できるが，16 を超えると幅厚比が大きくなるに従い，伝達できる曲げモーメントは減少する．スカラップ形式では，梁ウェブ接合位置における断面欠損のため，ノンスカラップ形式に比べて，曲げ耐力が 28％低下する．なお，スカラップせいは一般に $S_r=35$ mm が取られるので，スカラップによる断面欠損が曲げ耐力に及ぼす影響は，梁せいによって異なり，梁せいが小さい方が低下率は大きい．

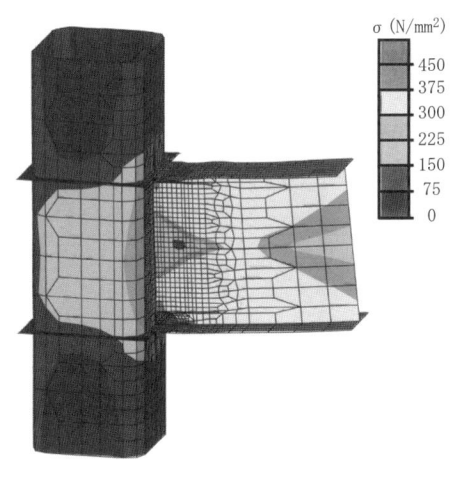

図 5.6 梁端接合部の応力状態[5.1] 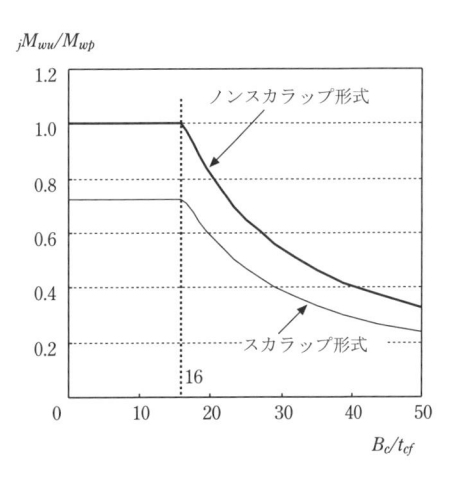　　　図 5.7 梁ウェブ接合部の曲げ耐力

付録1に，(5.2)式を満足する角形鋼管柱とH形鋼梁の組合せを示すので参考とされたい．なお，(5.2)式は，塑性変形能力確保のための必要条件にすぎない．なぜなら，梁端では，スカラップが取られることやダイアフラムと梁フランジが異幅で接合されることなどの幾何学的な形状不連続に起因して，局所的なひずみの集中が生じるためである．ひずみ集中点は，延性亀裂の発生点となる．材料の破壊靱性が低いと，この延性亀裂が起点となって脆性破壊を生じる．(5.3)式中の $_jM_{fu}$ は梁フランジ全断面が引張強さに達すると仮定して算定されるが，この仮定を成立させるためには，梁端の早期の脆性破断を防止する必要がある．この防止策については，5.3節に述べる．

5.2.2 柱梁接合部パネルのせん断補強

図 5.4 (a)に示した曲げモーメント分布を見ると，接合部において曲げモーメントが急変している．曲げモーメントの勾配はせん断力を表す．すなわち，接合部パネルに生じるパネルせん断力 $_pQ$ は柱に生じるせん断力のおおむね h/d 倍（h：階の内法高さ，d：梁せい）になる．このせん断力が接合部パネルのせん断耐力に達するとせん断降伏が発生し，写真 5.1 に示すように接合部パネルのせん断変形が卓越してくる．ラーメン骨組の中柱では，柱にH形鋼を補強せずに用いた場合

にはほぼ確実に，角形鋼管や円形鋼管を用いた場合でも接合部パネルの降伏が部材の曲げ降伏に先行して生じることが多い．接合部パネルのせん断耐力の算定方法については，【接合指針5章】を参照されたい．

H形鋼柱が強軸回りに曲げモーメントを受ける場合では，接合部パネルのせん断耐力を確保するために，ダブラープレートによるせん断補強を行う場合がある．これは，図5.8に示すように接合部パネルの片面または両面に補強板をあて，板の四周を柱フランジおよび水平スチフナに溶接接合する方法である．補強板と柱フランジおよび水平スチフナとのすき間を充填溶接することが原則であるが，運棒の自由度が限られているので，溶接の施工性を事前にチェックしてルート間隔や開先形状を決めることが望ましい．

ダブラープレートの幅厚比については，幅厚比が著しく大きいと，早期にせん断座屈が生じるので，少なくとも【S規準】の柱ウェブの幅厚比制限は満足する必要がある．もし，満足しない場合は，プラグ溶接やスロット溶接を用いて，せん断座屈を防ぐ方法がある．

写真 5.1 接合部パネルのせん断降伏　　　　**図 5.8** ダブラープレートによるせん断補強

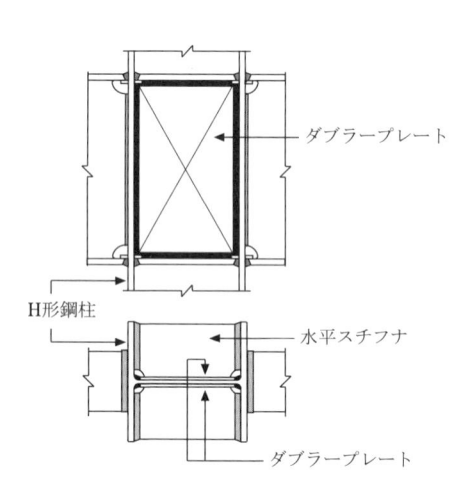

5.2.3 ダイアフラムの板厚

図5.5に示したように，通しダイアフラムは，梁フランジ応力を柱ウェブおよび接合部パネルに伝達する役割を担っている．通しダイアフラムには，梁フランジ応力を角形鋼管のウェブに流すためにせん断応力度が発生する．もし，ダイアフラムの断面積が不足していると，図5.9に示すようにダイアフラムがせん断降伏する場合が考えられる．

【接合指針4章】では，梁フランジの降伏軸力に対して，ダイアフラムの平均せん断応力度を降伏せん断応力度以下とするために必要となるダイアフラムの板厚を下式で与えている．

$$t_d \geq \sqrt{3} \frac{b_f}{d_c \cdot t_f} \tag{5.4}$$

t_d：ダイアフラムの板厚
b_f：梁フランジの幅
d_c：箱形断面柱の板厚中心間距離

t_f：梁フランジの板厚

例えば，$d_c=400$ mm 程度の柱梁接合部を考えると，$b_f=200$ mm の時には，$t_d/t_f \geqq 0.866$ であるから同厚で(5.8)式を満足するが，$b_f=250$ mm の時には，$t_d/t_f \geqq 1.08$ となり，ダイアフラム板厚を梁フランジ板厚よりも 8％以上厚くする必要がある．

なお，通しダイアフラムの板厚は，以下の 2 つの理由より梁フランジ板厚よりも 2 サイズ（6 mm 程度）以上厚くし，余裕のある設計としておくことが望ましい．

① 通しダイアフラムと梁フランジが同一鋼種であっても，実勢値ではダイアフラムの降伏強さが梁フランジの降伏強さを下回る場合が考えられる．また，余裕の無い設計では，大地震時に梁フランジ材がひずみ硬化域に入ると，ダイアフラムがせん断降伏し，その結果，5.3 節に述べる溶接始終端のひずみ集中が助長される．

② 接合部パネル製作時には，溶接に伴い溶接変形（軸縮みおよびかさ折れ）が生じる．また，H 形鋼梁も，寸法公差（公称断面寸法と実断面寸法との差）を有している．したがって，ダイアフラムと梁フランジの食違いを防止するためには，ダイアフラム板厚を梁フランジ板厚よりも大きくする必要がある．

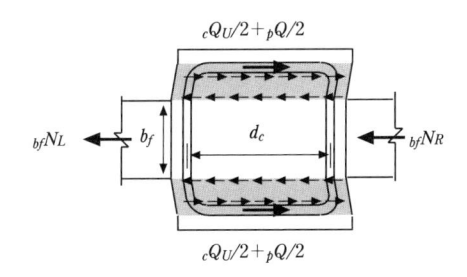

図 5.9 ダイアフラムのせん断降伏

5.3 施工の要点
5.3.1 梁端に設けられるスカラップ

中低層骨組によく採用される通しダイアフラム形式角形鋼管柱梁接合部では，図 5.10 に示すように梁端に開先およびスカラップの加工を施して，接合部パネルのダイアフラムと梁フランジが溶接接合される．開先およびスカラップの加工については，機械加工による専用機が普及しており，裏当て金を用いた完全溶込み溶接が一般に行われている．

柱梁接合部にスカラップが必要となる理由は，溶接線交差を避けるため以外に下記のものが挙げられる．

① 裏当て金形式の場合は，裏当て金を挿入するため
② 現場溶接の下フランジや裏はつり両面溶接形式の場合は，ウェブを横切って溶接あるいはガウジングを行うため
③ 梁ウェブの回し溶接を行うため

②および③の理由による場合のスカラップは，溶接作業あるいはガウジング作業ができるだけの

大きさが必要である．①の理由による場合のスカラップは，裏当て金の通る大きさであれば良いことになるが，梁ウェブの回し溶接のため，一般的には半径35 mmのスカラップが設けられる．

しかし，この梁端のスカラップは，5.2節で述べた梁ウェブの断面欠損となるばかりではなく，幾何学的形状の不連続点となり，応力やひずみに乱れを生じさせる．水の流れが，水路の急激に折れ曲がる点で乱れるのと同じである．

1995年兵庫県南部地震まで，柱梁接合部のH形鋼梁の溶接では，図5.11に示す従来型スカラップをとり，裏当て金を梁フランジに連続隅肉溶接する方法が用いられていた．しかし，兵庫県南部地震では，この方法で接合された梁フランジの破断が数多く見られた〔写真1.5および1.6〕．

図5.12 (a)は，実験において梁フランジが脆性破断している例であり，図5.12 (b)の破面は，ほとんどが脆性破面であり，図5.11に示すスカラップ底と呼ばれる位置に少し延性亀裂が見られる．図5.12 (c)には，数値解析より得た梁フランジのひずみ分布を示す．スカラップ底に大きいひずみ集中が存在していることがわかる．この破壊のプロセスは，以下のとおりである．

① スカラップ底に延性亀裂が発生
② 材質が劣化しているスカラップ底近傍で脆性亀裂に転化
③ 梁フランジの全断面破断

圧延H形鋼では，フランジとウェブの交差部であるフィレット部周辺は，破壊靱性がフランジ部より低下する傾向がある．また，裏当て金の組立て溶接がスカラップ底にかかると，さらにスカラップ底近傍の破壊靱性を劣化させるため，破壊時期が早められる．

このように，従来型スカラップ工法では，最も破壊靱性の劣る位置とひずみ集中点のスカラップ底が一致する非常に危険なディテールとなっている．

スカラップ底を起点とする梁フランジの脆性破断を防ぐためには，以下の2つの方法が考えられる．

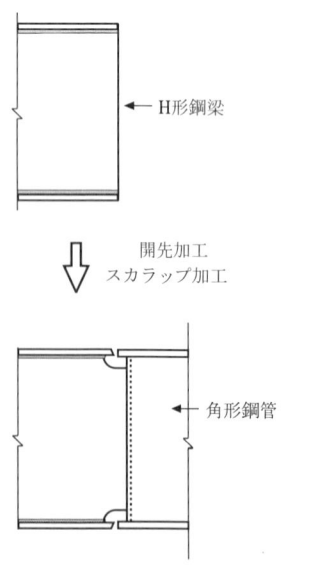

図5.10 梁端に設けられるスカラップ

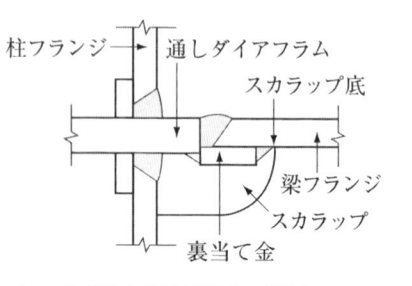

図5.11 兵庫県南部地震以前に慣用されていた従来型スカラップ工法[5.2]

(a) 破壊状況 　　　　　　　　　　　(b) 破面

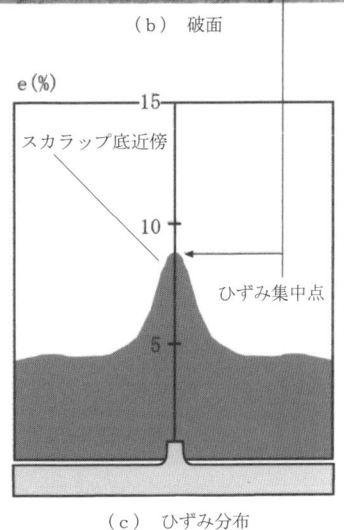

(c) ひずみ分布

図 5.12 梁端接合部の破壊例[5.1]

① ひずみ集中点をなくす，あるいは，ひずみ集中点のひずみを緩和する．
② フィレット部近傍の破壊靱性が大きい材料を使用する．

以下では，スカラップをなくす，あるいはスカラップの形状を変えることにより，上記①の目的を実現している代表的なディテールと通しダイアフラム形式の場合の一般的な製作方法を示す．

(1) ノンスカラップ工法

図 5.13 に示すようにスカラップをなくしたものであり，力学的には最も望ましい工法である．ただし，裏当て金を 2 分割して，梁ウェブを挟み込む必要がある．

図 5.14 に組立て時の状況を示す．まず，梁ウェブとダイアフラムおよび鋼管フランジとダイアフラムとの取合いに注意して，梁フランジの開先加工を行う．次に接合部パネルと梁の組立てを行

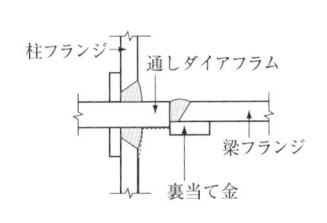

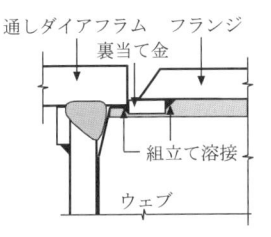

図 5.13 ノンスカラップ工法[5.2] 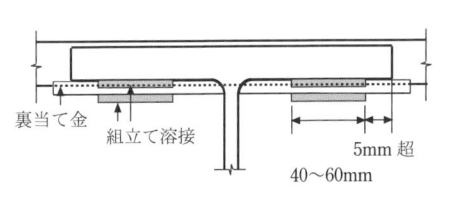　　　**図 5.14** ノンスカラップ工法の組立て状況[5.2]

い，2分割した裏当て金で梁ウェブを挟み込み，裏当て金を通しダイアフラムおよび梁フランジに組立て溶接する．裏当て金には，その端部を圧延Hのフィレットまたは溶接組立Hの隅肉溶接の形状にフィットするように加工されたものを用いる．最後に，完全溶込み溶接を行うが，この時，梁フランジと梁ウェブの交差部にくさび形のくぼみができるので，充填溶接した後に本溶接を行う．

（2） 複合円型スカラップ工法

【JASS 6】が1996年に改定された時に記載されたスカラップ形状であり，図5.15に示すように，スカラップ底に半径10 mm以上のアールを設けて，スカラップ底のひずみ集中の緩和を狙い，あわせて裏当て金の組立て溶接についても，スカラップ底を避けた断続隅肉溶接とする工法である．ひずみ集中の緩和に伴い，破断の回避または破断時期を遅らせる効果があるが，ひずみ集中点を完全に取り除いていないので，裏当て金の組立て溶接を連続隅肉溶接とする等のミスを犯すと，極めて早期に梁フランジが脆性破壊する場合がある．したがって，この工法では，組立て溶接に十分な注意が必要である．

図5.16に組立て時の状況を示す．まず，高さ35 mmの直線部および半径35 mm程度の1/4円と半径10 mm以上の1/4円を複合させた形状のスカラップを取る．次に接合部パネルと梁の組立てを行い，裏当て金をダイアフラムおよび梁フランジに組立て溶接する．裏当て金と梁フランジの組立て溶接は，40〜60 mm程度の隅肉溶接とする．ただし，梁フランジ端部側は5 mm超，梁ウェブ側はフィレット端から5 mm超あける．特にスカラップ底近傍への組立て溶接，位置決め溶接およびアークストライク等は，梁フランジの早期の脆性破壊を誘発するので，絶対に行ってはいけない．最後に梁フランジの本溶接を行う．

スカラップを設けるか設けないか，どのような接合部ディテールを採用するのかは，建築鉄骨の耐震安全性にとって非常に重要な問題であり，設計者が判断すべき事柄である．したがって，【JASS 6】では，柱梁接合部のスカラップ加工を特記事項としている．

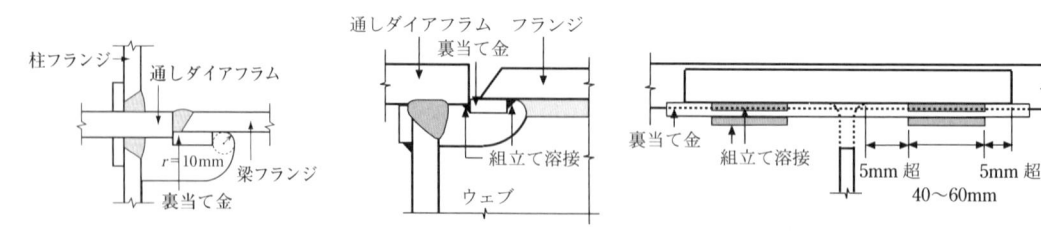

図5.15 複合円型スカラップ工法[5.2]　　図5.16 複合円型スカラップ工法の組立て状況[5.2]

5.3.2 梁端の完全溶込み溶接

柱梁接合部では，図5.17に示す通しダイアフラム形式に代表されるように，幅の異なる板同士を溶接することが多い．異幅継手では，幾何学的形状が急に変化することにより，入隅部にひずみが集中するため，同一幅の板同士を溶接する場合よりも，溶接施工に注意する必要がある．異幅継手のひずみは図5.17に示すように，フランジ幅の両端に集中する．溶接部では，このひずみ集中点と溶接の始まりと終わり（始終端）が一致することになり，溶接施工における始終端処理の出来

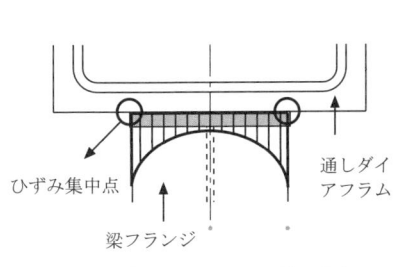

図5.17 梁フランジのひずみ分布

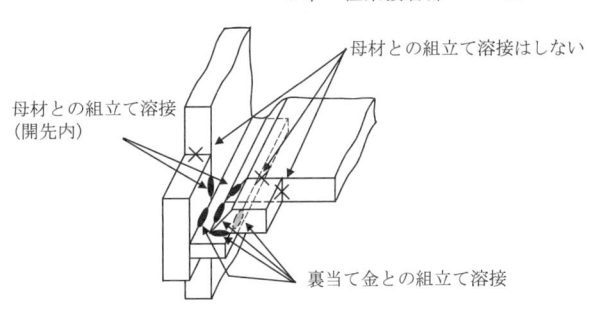

図5.18 柱梁接合部におけるエンドタブの組立て溶接例[5.3]

具合が性能を左右する．

代表的な始終端処理方法には，鋼製エンドタブを用いる方法と固形エンドタブを用いる方法の2つがある．以下に両工法の注意点を示す．

（1）鋼製エンドタブ工法

梁端の溶接に鋼製エンドタブを用いる場合，鋼製エンドタブの組立て溶接は，図5.18に示すように裏当て金に行い，再溶融できる場合を除き，母材に行ってはならない．なぜなら，組立て溶接による材料劣化やアンダーカットなどが，破壊の原因になるためである．

柱梁接合部の実験で，鋼製エンドタブを切除せず残した場合に，図5.19に示す梁フランジとエンドタブの間にできるスリットの底のひずみ集中点を起点として溶接部が破断する例がある（写真5.2）．鋼製エンドタブを用いた場合の破断を防ぐには，使用する溶接ワイヤおよび溶接条件に注意して，母材に対して確実にオーバーマッチングとなるように溶接施工を行うとともに，表面層を多パスとして溶込みを確保すると効果がある．特に梁部材が490 N/mm^{2}級鋼以上で大地震時に塑性ヒンジを形成し，大きい塑性変形能力を要求される場合では，鋼製エンドタブを切断することが望ましい．【JASS 6】では，エンドタブの切断の要否および切断要領を特記事項としている．切断要領については，【技術指針・工場・5.5.5項】の「エンドタブ」を参照されたい．

（2）固形エンドタブ工法

梁端の溶接に固形エンドタブを用いる場合，鋼製エンドタブを切除せず残した場合に比べてひずみ集中の観点からは有利である．L形エンドタブを用いた場合は，溶接部からの破断が生じにくく，

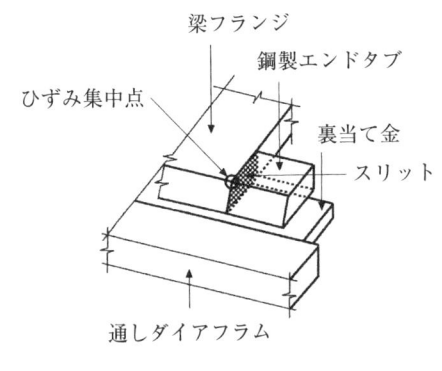

図5.19 鋼製エンドタブ[5.2]

写真5.2 鋼製エンドタブによるスリットを起点とする破壊例

梁の塑性変形能力を向上させる効果のあることが報告されている．しかし，鋼製エンドタブのように始終端の欠陥をフランジ幅の外へ追いやることはできないので，写真5.3に示す始終端に内部欠陥が発生しやすくなる．すなわち，破壊の起点となるひずみ集中点と欠陥位置が一致しやすくなり，溶接技能者が十分な技量を持っているか，よく確認する必要がある．【JASS 6】では，固形エンドタブ工法を採用するには，工事監理者の承認が必要であるとしている．

写真5.3　固形エンドタブ工法

5.3.3　角形鋼管と通しダイアフラムの完全溶込み溶接

通しダイアフラム形式では，裏当て金を用いて角形鋼管とダイアフラムを完全溶込み溶接する．接合部パネルは，図5.20に示すように組み立てられる．まず，開先加工を施した角形鋼管に鋼管角部の形状に合わせてコの字形に加工された裏当て金を2個取り付け，角形鋼管の内面に組立て溶接する．次に，ダイアフラムと裏当て金の組立て溶接を開先内に行う．この時，組立て溶接は鋼管の角部から5 mm超を避けて行う．なぜなら，冷間成形角形鋼管の角部は，大きい塑性加工を受けて硬化しているので，強度が大きくなるとともに伸びと破壊靱性が小さくなっている．すなわち，鋼管角部に組立て溶接による割れやアンダーカットなどの欠陥が入ること，急熱急冷によってさらに材質が劣化することを防ぐためである．また，角部では鋼管と裏当て金の密着性が悪くなりがちで，溶接欠陥の原因となる場合もある．裏当て金とダイアフラムとの組立て溶接は，開先内に行うことになる．この組立て溶接は，本溶接前にガウジング等ではつりとるか，または，本溶接時に確

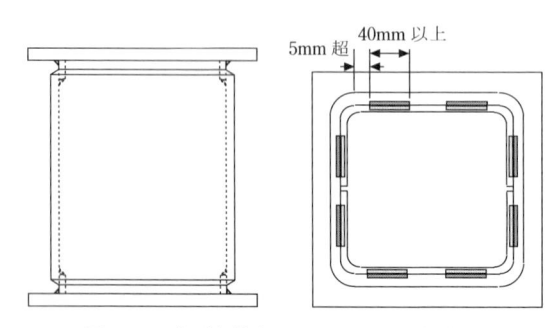

図5.20　角形鋼管とダイアフラムの組立て

実に再溶融させる必要がある．後者の方法を用いた場合は，本溶接時と同じ溶材を用いて組立て溶接を行う．

本溶接を回転治具を用いた溶接ロボットにより行う場合は，1周の溶接を連続して下向溶接で施工することができる．溶接技能者による半自動溶接では，溶接ビードを角部近傍で継ぐことになり，また，溶接手順によっては立向溶接を伴う場合もある．棒継ぎ位置では，溶接欠陥が生じないようにガウジングを行った上で，溶接ビードを継ぐ．

5.3.4 梁ウェブの柱フランジへの隅肉溶接

梁ウェブと柱フランジの溶接には，一般に隅肉溶接が用いられる．この隅肉溶接が図5.21に示すように不等脚となり，特に梁ウェブ側の脚長が小さい場合，早い段階で，同図に示すウェブ回し溶接部に亀裂が発生した実験例や地震被害例が報告されている．このような隅肉溶接部の亀裂は，梁ウェブにより伝達される曲げモーメントを減少させるので，梁フランジの破断を早める原因となる．梁ウェブの柱フランジへの隅肉溶接は，柱フランジ面を水平にして施工される場合があり，往々にして上記のような不等脚な隅肉溶接になりがちとなる．多パスで仕上げる等の対策を施し，必要な隅肉サイズの確保に留意するとともに回し溶接の施工も行う必要がある．

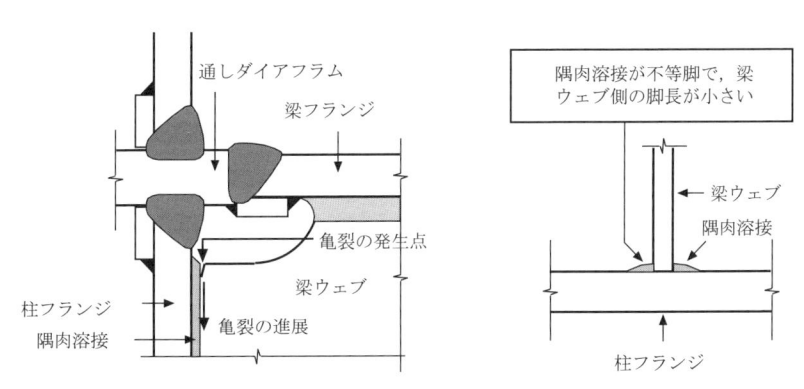

図5.21 梁ウェブの柱フランジへの隅肉溶接の脚長不足

5.4 検査上の留意点

鉄骨製作工場および工事現場において建築鉄骨溶接部を検査する場合，実際に遭遇する問題点は数多くあるが，本節では外観検査および超音波探傷検査を実施する際に考慮しておく必要のある点を取り上げる．

鉄骨製作の特に溶接関連作業では，角形鋼管における内ダイアフラムの検査など次工程に製作が進むと検査が不可能となったり，また，製作中の工程間検査で確認しなかったために最終製品が不合格となる場合がある．このような検査上の不手際は，納期の大幅な遅れにつながることがある．どの段階で検査に入るのか，誰が検査を実施するのかなど，事前に検討しておくことが重要である．

5.4.1 外観検査

外観検査では，溶接部における欠陥だけではなく，母材および接合部の状態等，溶接接合部周辺の状態も含めて接合部全体をチェックする必要がある．

外観検査を行う際に考慮しなければならない項目と留意点を以下に示す．

（1） 鉄骨製品の重要度

建築鉄骨を構成する製品には，主柱や大梁だけでなく，軽微な鉄骨に使用される製品もある．あらかじめ，製品の重要度を考慮し，検査の種類，検査項目，検査基準，検査頻度および判定基準等を計画しておくことが大切である．無駄な検査や過剰な検査とならないために，必要十分な検査を計画的に行う．

（2） 接合部の重要度

接合部には，接合される部材が大地震時に塑性化する場合と弾性域に留まる場合がある．また，溶着金属の形状には，完全溶込み溶接，部分溶込み溶接，隅肉溶接および栓溶接等がある．製品の重要度と同様に，接合部の重要度を考慮し，検査の種類，検査項目，検査基準，検査頻度および判定基準等を計画しておく．

（3） 製作工程および検査

鉄骨製作において工程に余裕がある場合はほとんどなく，それに伴う検査についても同様である．したがって，順序よく検査を実施すること，また，判定後の迅速な対処などが求められる．製作工程をできるだけ圧迫しないように，検査工程を組む．

（4） 検査環境および検査時期

検査は常に同じ環境で行うことが理想的であるが，検査環境や検査時期が変わっても，同等の検査が行われ，検査結果が変動しないようにする．

（5） 検査速度

どのような検査でも，基本的に検査自体は，基準となるものまたは標準となるものとの比較によって良否または判定がなされ，それは目視検査であっても超音波探傷試験であっても変わりはない．目視検査では視点を移動することによって周辺との変化が判別できるため，眼の移動速度は重要である．超音波探傷試験については，探傷画面上に出現するエコーが欠陥であるか否かは，ノイズレベルと欠陥エコーとの対比をしなければ判別することはできない．

5.4.2 超音波探傷検査

（1） 超音波探傷の原理

溶接内部の欠陥を検出する非破壊検査手法としては，放射線透過試験（RT）と超音波探傷試験（UT）がある．ただし，RTが適用できる部位は突合せ継手のような平板状の継手であり，T継手や十字継手には適用できない．UTはRTに比べて後発であり，現在のように斜角探傷法が一般的に溶接内部の欠陥探査に適用できるようになったのは，米国の特許が切れた1970年代となってからであり，その後は広く普及している．

超音波とは，「人間の耳に聞こえないほど周波数が高い音」である．コウモリは，口や鼻から超

音波をだし，障害物（反射源）からの反響（エコー）を聞くことにより，暗闇を自由に飛ぶことができる．コウモリが空中での超音波を利用しているのに対して，超音波探傷試験では，固体（鋼材）中に伝播した超音波が溶接欠陥のところで反射して戻ってくることを利用し，反射波を受信して欠陥の有無を検査している．

建築鉄骨では，図5.22に示すような斜角探傷法による検査が実施されることが多い．探触子の中の振動子から，被検材に定められた屈折角 θ（45度，65度または70度）で超音波を発信し，欠陥からのエコーを受信する．受信したエコーの情報が，図5.22に示すように画面上に表示され，探触子から欠陥までの距離 W_F を読み取り，欠陥位置（距離 y および深さ d）を次式で求めている．

$$y = W_F \cdot \sin\theta, \quad d = W_F \cdot \cos\theta$$

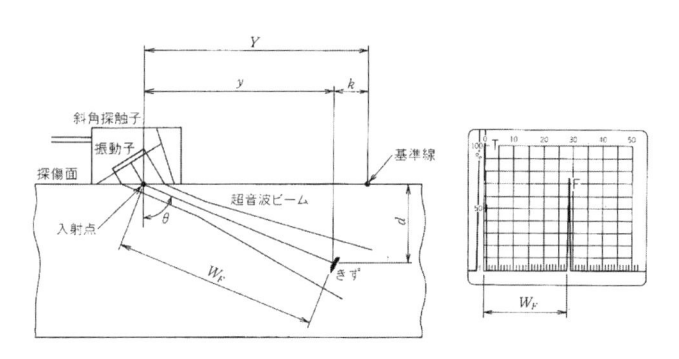

図5.22 超音波探傷の原理[5.4]

（2） 探傷の支障となる事例

超音波探傷検査に支障をきたす事例の多くは，障害物によって探触子の走査範囲が十分に確保できず，探傷不能範囲が生じる場合である．溶接部の超音波探傷検査では，溶接欠陥の中でも強度を著しく低下させるような割れ，溶込み不良および融合不良等の板厚に垂直な欠陥を検出するための探触子である5M10×10A70（周波数：5 MHz，振動子寸法：10×10 mm，屈折角：70度）を用いて行うことが一般的であるため，ここでは5M10×10A70を標準とした場合について記述する．

【事例1】 溶接線の直交方向に必要な走査範囲

超音波はビーム中心に対して直線状に進むので，探触子を特定の位置に置いただけでは，溶接線断面の一部分しか探傷できない．したがって，溶接部の全断面を探傷するには，探触子を前後に走査（スキャン）しなければならず，この範囲を走査範囲という．

走査範囲は，探傷が直射法か一回反射法かによって決定され，一回反射法の場合は図5.23に示すように，余盛の止端から一回反射による探傷位置までが範囲となる．この場合，板厚 t に対して屈折角 θ を70度とすると，走査範囲 L は約 $6t$ となり，$L/t<6$ の場合には探傷不能範囲が生じることになる．探傷操作には，走査範囲に溶接部の幅と探触子の長さを加えた約 $7t$ の範囲が必要となる．しかしながら，実際の探傷ではガセットプレート等が障害物となって，図5.24のように探傷不能範囲が生じることがある．また，溶接部に対して超音波を入射させる面（探傷面）は継手形状によって制限を受けるため，継手形状による探傷面の選定は図5.25～図5.27のようになる．一

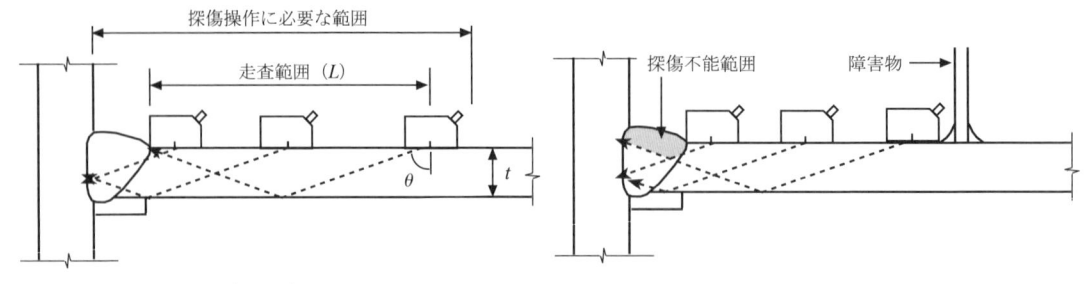

$L=2\times t\times\tan\theta : t=70$度の場合，$L=5.5t\fallingdotseq 6t$

図 5.23 探傷に必要な走査範囲[5.5]

図 5.24 障害物があるときの探傷不能範囲[5.5]

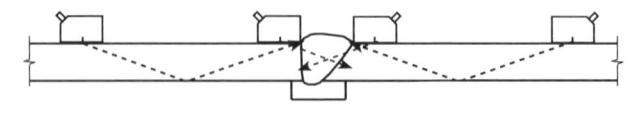

図 5.25 突合せ継手の探傷面[5.5]

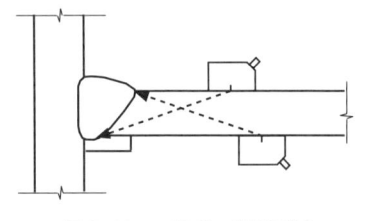

図 5.26 T継手の探傷面[5.5]

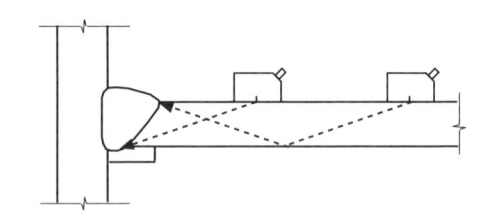

図 5.27 角形鋼管の内ダイアフラムの探傷面[5.5]

般に探傷面は，突合せ継手の場合では図 5.25 のように片面両側，図 5.26 のように T 継手の場合では両面片側，図 5.27 のように角形鋼管柱の内ダイアフラムの溶接部の場合では片面片側となる．したがって，片面のみの探傷となる場合では，走査範囲が $L/t\geqq 6$ あるかどうかに留意する必要がある．

走査範囲が $L/t<6$ となる場合には，可能であれば直射法による裏面からの探傷を行う，探触子の屈折角 θ を 45 度～65 度と小さくする，または振動子寸法を 10×10 mm から 5×5 mm または 5×10 mm に変更する等，探傷範囲をカバーするような対策を講じる．

【事例 2】 溶接線方向に必要な走査範囲

溶接線方向には，溶接線全線にわたって操作ができなければならない．図 5.28 のように探傷面にエレクションピース等の障害物があると，溶接線の内部ではエレクションピース等の障害物による幅に探触子の幅を加えた範囲が探傷不能範囲となり，また，探傷面が溶接線の端部である場合では障害物の幅に探触子幅の約 1/2 を加えた範囲が探傷不能範囲となる．

図 5.28 のような場合，探触子を斜めに向けて探傷することにより欠陥の有無を確認することがある程度可能であるが，エコー高さが低下すること，また，欠陥指示長さが測定できないこと等から，欠陥の評価が不明確となり合否判定が困難となる．

探触子幅の 1/2 は通常 7 mm であるから，障害物の近傍で欠陥が検出された場合には，障害物の 1/2 に探触子幅の 1/2 である 7 mm を加えた長さがあるものとして欠陥評価を行う．

また，探傷面が溶接線端部に近接すると超音波の感度が低下するため，欠陥の検出力が低下する．この傾向は，屈折角 θ が 70 度の場合や一回反射法のように探傷距離が長い場合に強くなる．検出力の低下を防ぐ方法として，屈折角 θ を 65 度～45 度と小さくする，または，振動子寸法を 10×10 mm から 5×5 mm または 5×10 mm に変更する，等がある．

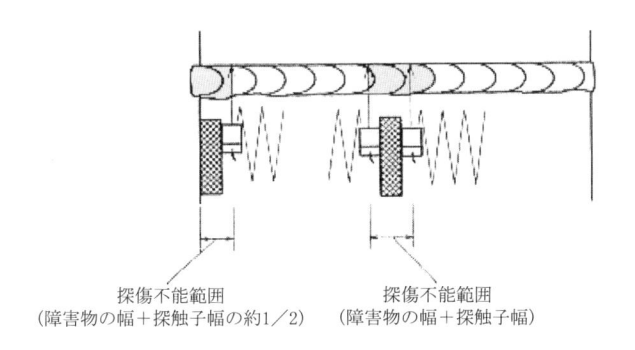

図 5.28 障害物がある場合の溶接線方向の探傷不能範囲[5.5]

【事例3】 必要な走査範囲が確保できない場合の事前対策

走査範囲がガセットプレートや付属金物によって妨げられる場合では，それらの部材を取り付ける前に探傷を行う必要があるため，鉄骨工事が開始される段階で関係者間で打合せを行い，検査時期を調整しておく必要がある．

障害物が仮設材等であって，溶接後に除去することが可能であれば，仮設材等を除去し探傷面を仕上げた後に探傷することが望ましい．

一般に溶接欠陥の検出性が良好とされる屈折角 θ が 70 度の探触子を適用しても探傷不能範囲が生じる場合は，屈折角 θ が 65 度または 45 度等の探触子の使用を検討する．図 5.29 のように，屈折角 θ が 70 度では必要な走査範囲が確保できない場合でも，屈折角 θ が 45 度の探触子を併用することで，探傷が可能となることがある．なお，屈折角 θ が 45 度の探触子を使用する場合であっても，振動子寸法が 10×10 mm のものでは，超音波のビーム幅が狭く溶接全断面をカバーできていないことがあるため，このような場合には，溶接部にできるだけ接近することができる振動子寸法が 5×5 mm または 5×10 mm のものを使用し，超音波のビーム幅を拡大し，できるだけ溶接全断

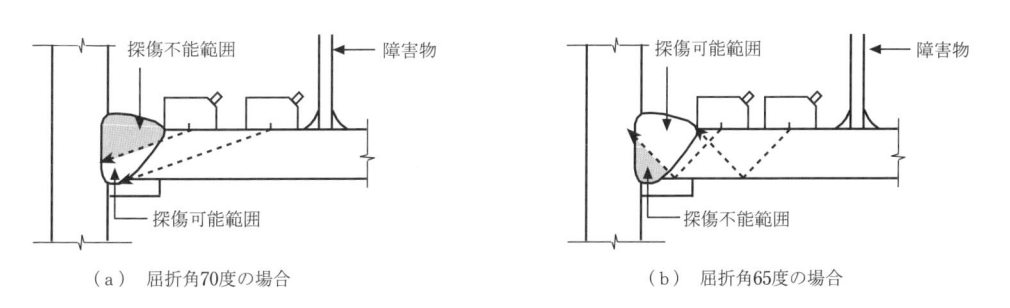

図 5.29 探傷可能範囲[5.5]

— 84 — 溶接接合設計施工ガイドブック

面をカバーすべきである．

（3） 探傷が困難となる超音波探傷検査の分類

以下に，超音波探傷検査が困難となる場合を4つに分類し，その対処の一例を示す．

【分類1】

図 5.30 に示すように，検査部位が狭いために十分な探傷作業の確保が難しく，場合によっては探傷不能範囲が生じることがある．このような場合には，屈折角および振動子の高さ寸法を小さくする等の対策を事前に計画して探傷する．

【分類2】

図 5.31 に示すような箇所では，鉄骨製作が次工程に進み，通しダイアフラムにより密閉されると，内ダイアフラムと鋼管との溶接部の検査を行うことが不可能となる．このような場合では，検査時期の調整が必要である．なお，完成後の検査は外観検査は不可能となるが，超音波探傷試験は垂直探傷法やSH波探傷等の適用によっては可能となる場合もある．

【分類3】

図 5.32 に示すように，溶接線方向で溶接部の断面形状が変化する，または食違い等の発生により検査に先立ち開先形状等の把握が必要となる場合には，検査基準および判定基準を明確にして検査を行う．

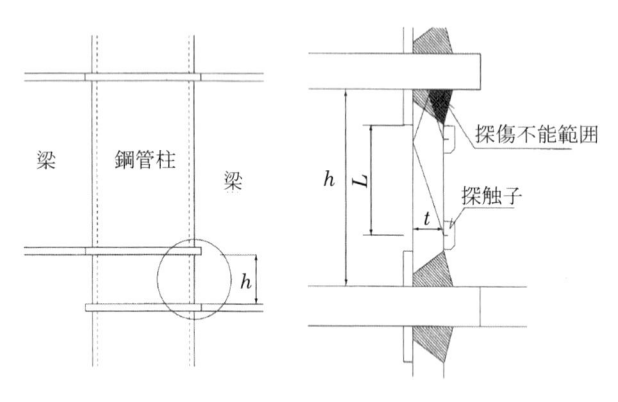

図 5.30 探傷範囲が狭く探傷不能領域が生じる場合[5.5]

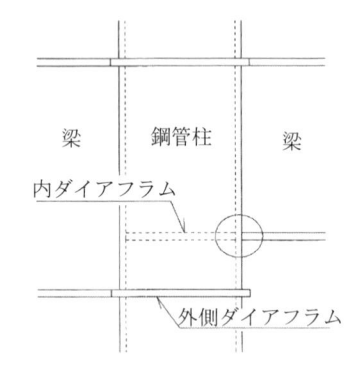

図 5.31 製造工程により検査が不可能となる場合[5.5]

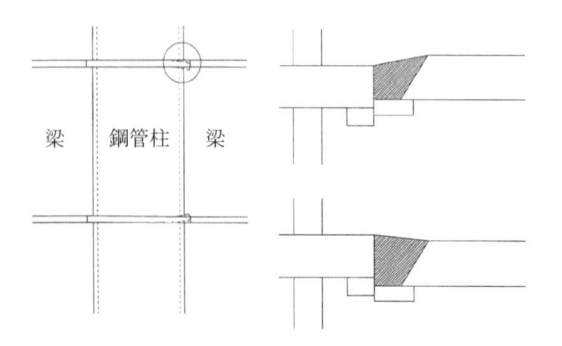

図 5.32 詳細な断面形状の把握が必要となる場合[5.5]

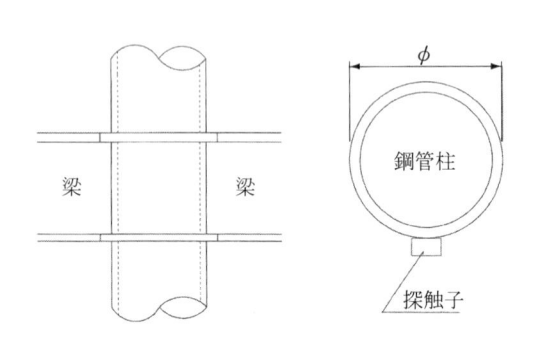

図 5.33 探傷面が曲率を有する場合[5.5]

【分類4】

図 5.33 に示すように探傷面が平面状でなく，探傷感度等の低下によって欠陥の検出ができなくなる可能性がある場合には，探傷感度を補正して探傷するか，接触面積の小さな探触子を使用する．

5.5 各種柱梁接合部
5.5.1 標準的な角形鋼管の接合部
（1） 通しダイアフラム形式

通しダイアフラムの周辺部には柱，梁フランジおよび接合部パネルの 3 つの溶接が狭い範囲に集中するため，溶接にあたっては溶接入熱による材質の変化などの有害な影響が出ないように溶接条件の設定に注意が必要となる．

通しダイアフラムには，上下の柱の軸力と曲げモーメントを鉛直方向に伝達させるため，優れた板厚方向特性を有するとともに，梁フランジが全面引張強度に達するまで梁フランジの応力を接合部パネルに滑らかに伝えるのに十分な耐力が必要である．

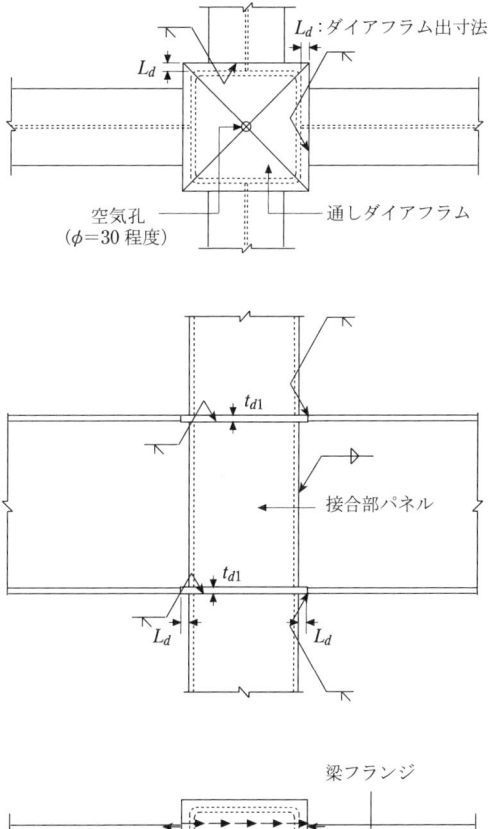

図 5.34 通しダイアフラムの留意点

（a） 通しダイアフラムの留意点【接合指針4.2.3項】【技術指針・工場・5章】

板厚 t_{d1}：下記の耐力および製作上の誤差吸収などを考慮し，取り付く梁フランジ最大板厚の2サイズ以上とすることが望ましい．

　　ⅰ）ダイアフラムは梁フランジの軸方向応力に対応した力を伝達する必要がある．
　　ⅱ）梁のH形鋼の精度，角形鋼管とダイアフラムの溶接におけるダイアフラムの笠折れと製作誤差を考慮する．

材　質：柱および梁フランジのうち一番高い強度と同等以上とする．板厚方向に引張力が作用するので，板厚が大きい場合には，板厚方向特性に優れたSN材のC種を使用することが望ましい．

　　柱がBCR295の場合，強度上ダイアフラムはSN490とする．

出寸法 L_d：板厚方向応力によるダイアフラムの開裂の防止，柱とダイアフラムの溶接によるダイアフラムの曲がり（笠折れ）防止，角形鋼管柱とダイアフラムとの溶接およびダイアフラムと梁フランジとの溶接による余盛および熱影響を考慮し，柱板厚が28 mm未満の場合では25 mm，柱板厚が28 mm以上の場合では30 mmが慣用されている．

（b） 柱梁接合部パネルの留意点

板　厚：設計上必要となる板厚以外の条件として，上下階の応力をスムーズに伝達し，また過大なせん断変形を防ぐため，上下階柱の大きい方の板厚と同厚以上とする．

材　質：上下階柱の強度と同等以上とする．

（2） 内ダイアフラム形式

内ダイアフラム形式の柱梁接合部における応力伝達の方法は，通しダイアフラム形式と基本的に同じである．この形式は，溶接組立箱形断面柱に用いられることが多い．

角形鋼管柱にこの形式を用いる場合，角形鋼管柱を柱梁接合部パネルの中間部で切断して内ダイアフラムを取り付け，再度柱を溶接接合することになる．したがって，角形鋼管柱では，後述する梁段違い形式接合部における中間ダイアフラムに使われることは多いが，この形式のみを用いることは少ない．

（a） 内ダイアフラムの留意点【接合指針4.2.4項】

板厚 t_{d2}：梁フランジの板厚と梁せいの製品誤差および製作上の誤差を考慮して，取り付く梁フランジ最大板厚の1～2サイズ以上とする．梁の曲げモーメントによる梁フランジ軸方向力を接合部パネルに伝達する必要上，柱径が小さい場合では，コーナー部のスカラップによる断面欠損の影響が大きいため，板厚をさらに1サイズ大きくする等の注意が必要である．

材　質：取り付く梁フランジのうち一番高い強度と同等以上とする．

L寸法：溶接トーチが届き，完全溶込み溶接が確実にできるように，柱径以下かつ350～400 mm程度以下とする．

形　状：角形鋼管の場合，角部にアールがあるため，製作上ダイアフラムの角にスカラップをとることが多い．

留意点：内ダイアフラムの位置は，製作後に測定および確認することが困難であるため，本溶接前に測定し，精度を確保しなければならない．また，内ダイアフラムの溶接部UT検査は，上下が閉鎖されてしまうと不可能となるので，UT検査を行うタイミングに注意する必要がある．

（b） 柱の留意点

板　厚：角形鋼管では，板厚によって角部のアール半径が異なるため，上下柱の板厚を変化させると角部で食違いが生じてしまう．したがって，設計上必要な板厚以外の条件として，上下柱の板厚を同厚とする必要がある．

材　質：取り付く梁の強度と同等以上とする．

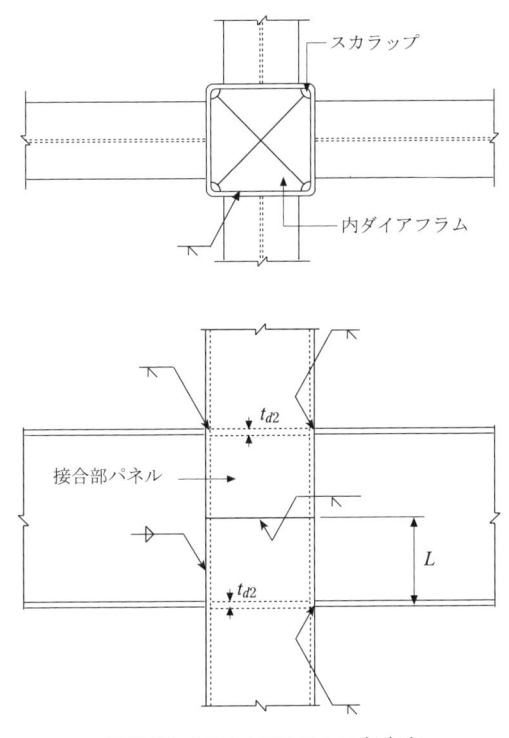

図 5.35　内ダイアフラムの留意点

5.5.2　梁段違い形式接合部

柱に取り付く梁のせいや梁のレベルが方向により異なる場合では，図 5.36 のような梁段違い形式の接合部となる．この場合，上下のダイアフラムの間に，取り付く梁のフランジに対応した中間ダイアフラムが入る．中間ダイアフラムの枚数が多いと溶接箇所が増え，加工が大変であるばかりでなく，品質上も問題が生じやすいので，中間ダイアフラムの枚数は 1～2 枚以下，できれば 1 枚に抑えるように梁せいや梁レベルを調整することが重要である．以下に梁段違い形式接合部における留意点を示す．

（1）　ダイアフラムおよび接合部パネルの留意点【接合指針 4.2.4 項】

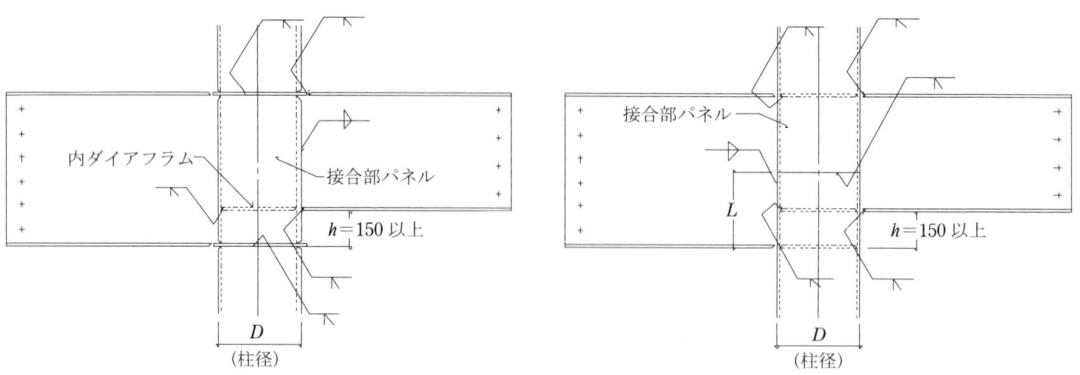

図 5.36 梁段違い形式接合部[5.6]

ダイアフラムや接合部パネルの板厚および材質等の留意点については，前述の通しダイアフラム形式および内ダイアフラム形式の項による．

(2) ダイアフラムの間隔 h

中間ダイアフラムは内ダイアフラムとし，ダイアフラムの間隔は，溶接トーチの操作性および 5.4.2 (2) で述べた UT 検査を行うのに必要な間隔を考え合わせ，150 mm 以上とすることが望ましい．なお，中間ダイアフラムを通しダイアフラムとする場合では，150 mm かつ $10t$（t：柱の板厚）以上とすることが望ましい．

前述の間隔が確保できない場合には，梁端部に図 5.37 に示すような垂直ハンチを付け，中

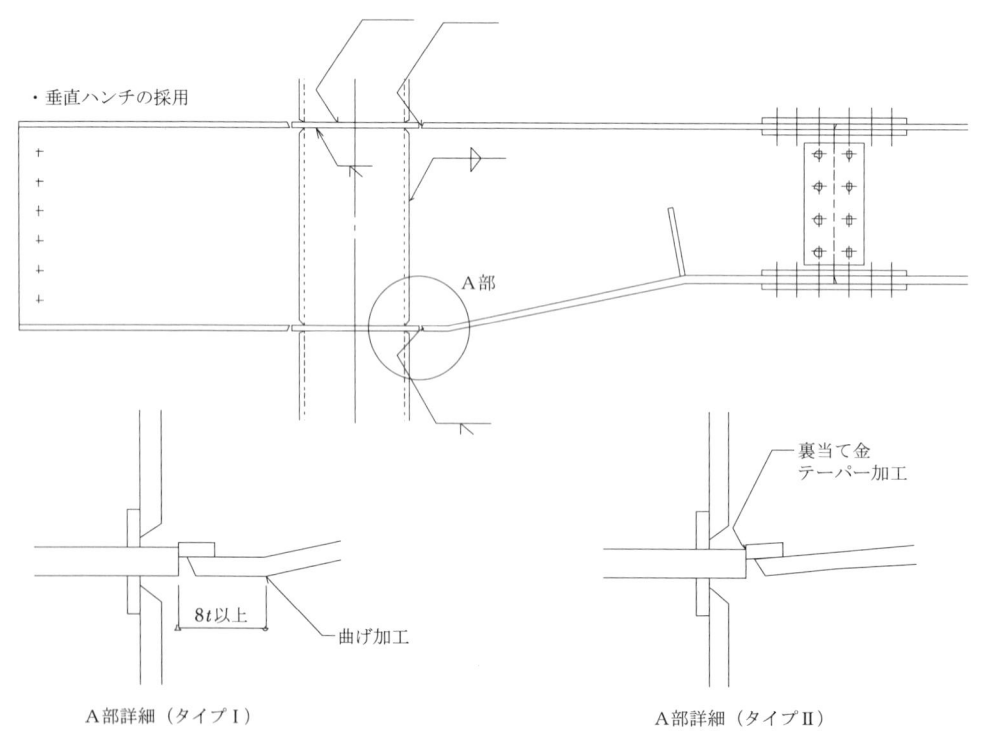

図 5.37 梁端部の垂直ハンチ[5.6]

間ダイアフラムをなくすように考えるべきである．その場合，溶接部のUT検査ができるように，図中のタイプⅠでは端部の水平部長さをフランジ厚の8倍以上確保する必要がある．また，タイプⅡの場合，裏当て金とダイアフラムの間にすき間ができないように裏当て金にテーパー加工をする必要がある．

（3） 柱梁接合部パネル
　板　厚：上下階柱の大きい方の板厚と同厚以上とする．
　材　質：上下柱の強度と同等以上，かつ，取り付く梁の強度と同等以上とする．

5.5.3　梁偏心形式接合部

建物の外周部においては，床スラブや外壁との納まりから梁を柱に対して外側に寄せて取り付ける場合がある．以下に，この梁偏心形式接合部における留意点を示す．

（1） 偏心梁と通しダイアフラムとの位置関係

梁を外側に偏心配置する場合，図5.38のように，梁フランジ溶接用鋼製エンドタブ取付けのため，a寸法をダイアフラム外端より40 mm以上確保する必要がある．なお，固形エンドタブ等を用いることにより，さらに梁を外側に寄せる場合でも，梁外面は柱面までとする．

（2） 偏心梁と内ダイアフラムとの位置関係

角形鋼管には角部にアールがあるため，内ダイアフラム形式の場合，裏当て金および鋼製エンドタブの取付けや内ダイアフラムのスカラップ寸法を考慮し，図5.39のように角形鋼管の角部R寸

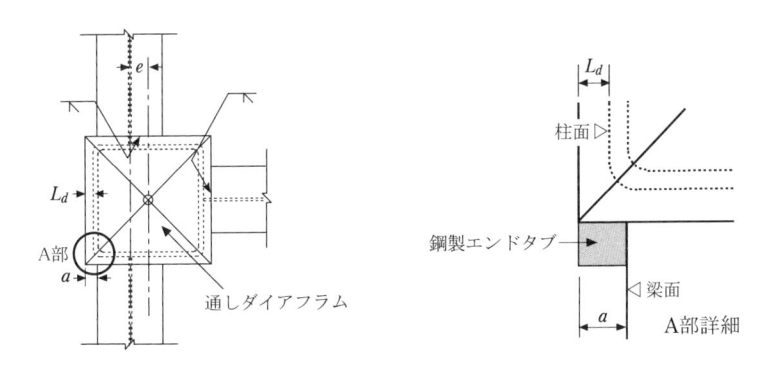

図5.38　偏心梁と通しダイアフラムの位置関係[5.6]

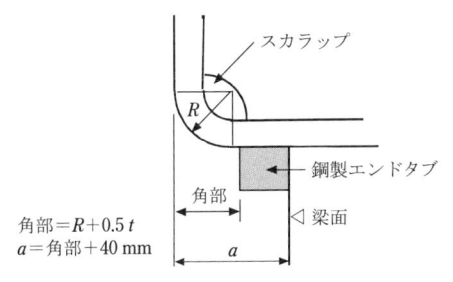

角部＝$R+0.5t$
a＝角部＋40 mm

図5.39　偏心梁と内ダイアフラムの位置関係[5.6]

法 + 40 mm 程度離す必要がある．なお，固形エンドタブ等を用いることにより，さらに梁を外側に寄せる場合でも，梁外面は内ダイアフラムのスカラップ端までとする．

5.5.4 テーパー管形式接合部

（1） 接合部パネルの耐力【接合指針5.2節】

上下階で角形鋼管柱の外径を変える場合には，図5.40に示すテーパー管形式接合部が用いられることが多い．テーパー管形式接合部パネルのせん断耐力は，パネル上辺の塑性化に支配されるため，上階側柱を柱幅とする標準パネルと同様に考えてよい．したがって，接合部パネルの軸力比は，上階側柱の値を用いることとなる．また，弾性剛性は，平均断面積に基づいて算定する．なお，3面テーパー形式のように，上階柱と下階柱の図心が検討構面内で偏心する場合には，偏心モーメントを考慮する必要がある．

（2） テーパー管の製作方法と留意点

テーパー管の製作には，図5.41に示すように，4枚の板を溶接により組み立てる方法およびコの字形にプレス加工した2枚の板を溶接し組み立てる方法がある．溶接により組み立てる方法は，角溶接を完全溶込み溶接とし，十分な品質管理が必要である．プレス加工による方法は，外側曲げ半径が板厚の10倍以下の曲げ加工となるため，品質が確認されている大臣認定品を使用することとなる．その他として，高周波加熱により直管をテーパー管に加工する方法がある．プレスまたは高周波加熱による方法は，一般の鉄骨製作工場では加工できないため，専門の加工業者に外注することになり，発注してから納入されるまで時間がかかるので注意が必要である．

（a） 4面テーパー　　（b） 3面テーパー　　（c） 軸力による付加曲げモーメント

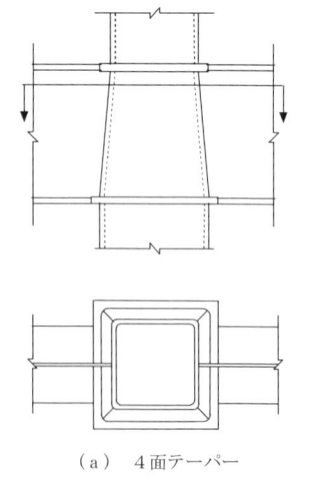

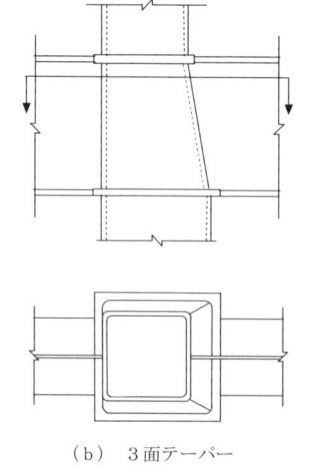

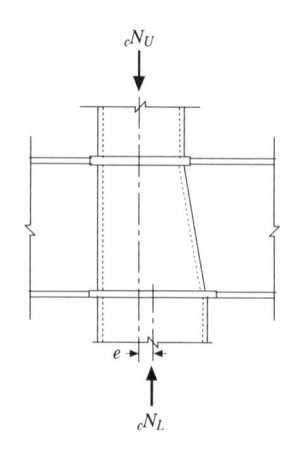

図5.40　テーパー管形式接合部

溶接組立て柱の場合

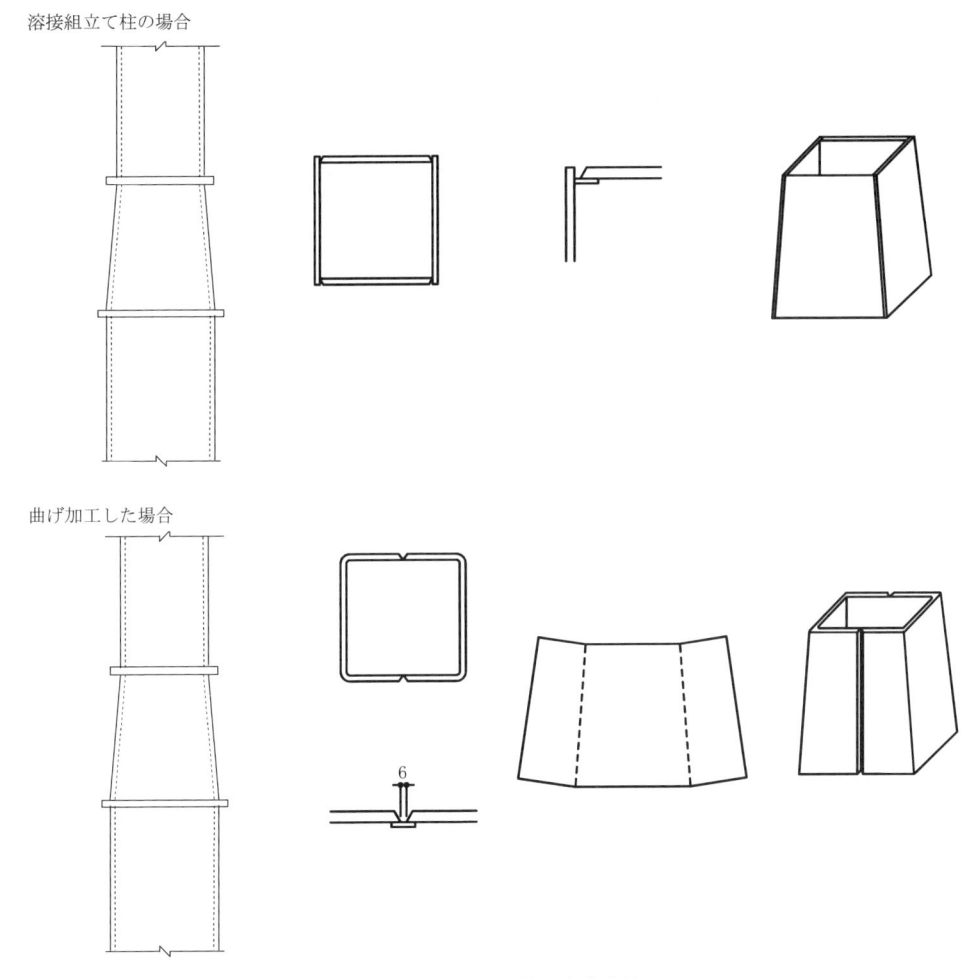

曲げ加工した場合

図 5.41　テーパー管の製作方法

5.5.5　その他の接合部

（1）　角形鋼管と屋根勾配を有する梁との納まり

角形鋼管柱に勾配を有する梁が取り付く場合，図 5.42 (a) のように接合すると以下の問題が生じ，加工工数がかかる．

ⅰ）直交方向の梁が剛接合される場合，梁はフランジとウェブが直交しない特殊な形状の BH とする必要がある．

ⅱ）角形鋼管柱とダイアフラムの裏当て金形状が複雑となる．

ⅲ）角形鋼管柱とダイアフラムとの溶接にロボットが使えない．

この場合，図 5.42 (b) のようにダイアフラムを水平に設けることにより，柱梁接合部の製作を容易にするとともに，直交方向の梁も一般の H 形鋼とすることができる．ただし，この場合には屋根勾配の寸法押えに注意し，小梁のレベルで調整する必要がある．

（2）　斜め柱と直交大梁との納まり

建物の斜線制限の関係で，建物上部において斜めにセットバックする場合，図 5.43 (a) のように

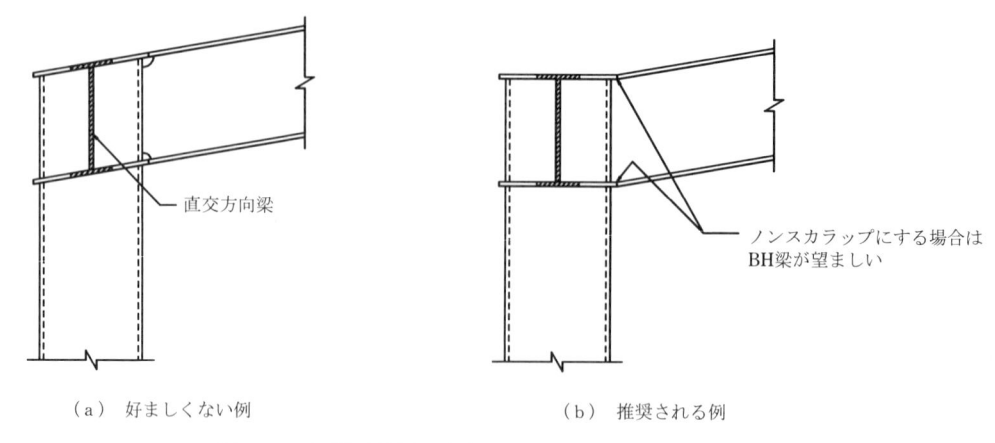

(a) 好ましくない例 (b) 推奨される例

図 5.42　角形鋼管柱と屋根勾配を有する梁との納まり

接合すると，以下の問題が生じる．
ⅰ）柱・直交大梁にねじり応力が発生する（A 部）．
ⅱ）折れ曲り柱脚部で上下の柱がずれることになる（B 部）．

この場合，図 5.43（b）の A タイプまたは B タイプのように接合する．A タイプは，折れ曲り柱脚部の折れ曲り位置を上部に移し，プレートを挟んで溶接し，桁行き大梁を BH とする方法である．B タイプは，桁行き大梁せいを小さくするか，または柱断面を大きくして，大梁が柱内に納まるようにする方法である．A タイプおよび B タイプのどちらを採用するかは，長期あるいは地震時の応力により決定する．

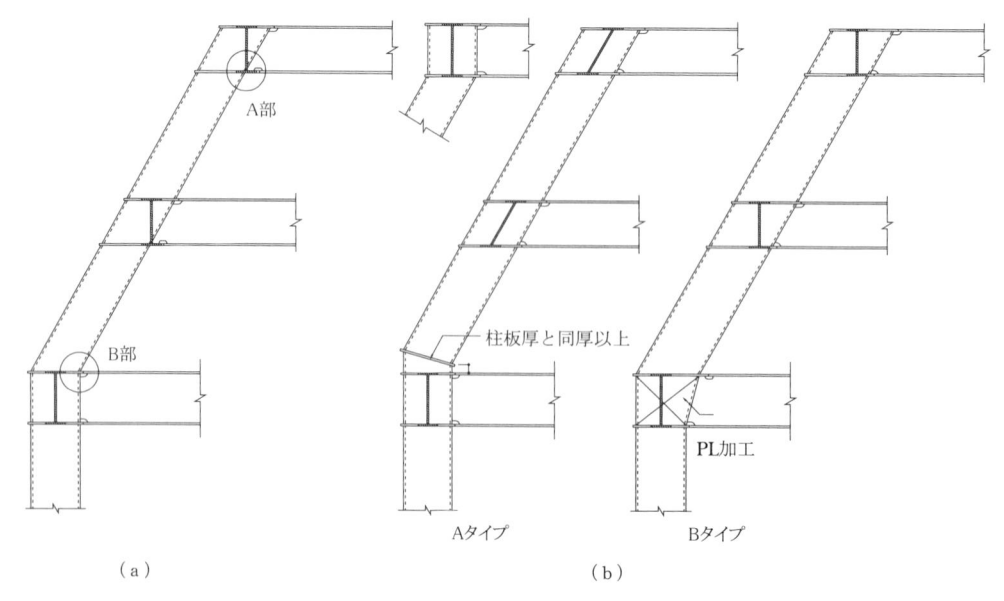

(a)　　　　　　　　　　　　(b)

図 5.43　斜め柱と直交大梁との納まり

参 考 文 献
5.1) 日本建築学会：建築雑誌，vol.118, No.1511, 2003.11
5.2) 日本建築学会：鉄骨工事技術指針，工場製作編，2007
5.3) 日本建築学会：建築工事標準仕様書 JASS 6 鉄骨工事，2007
5.4) 平山一男ほか編：JIS 使い方シリーズ 新版 非破壊検査マニュアル，日本規格協会，1995
5.5) 構造物第三者検査機関協会：建築鉄骨溶接部検査の留意点シート
5.6) 日本鋼構造協会：鉄骨溶接接合部の標準ディテール，1998

6章　ブレース接合部

6.1　概　　説

　ブレースは必要な強度と剛性に応じて設計され，ターンバックル筋かい・山形鋼・溝形鋼・カットT形鋼・H形鋼・円形鋼管・角形鋼管等が用いられている．ブレースは主な抵抗形式によって2種類に分けられ，引張ブレースと圧縮ブレースがある．細長い形状の部材として，ターンバックル筋かい・山形鋼・溝形鋼・カットT形鋼があり，引張ブレースと呼んでいる．一方，これに比べて太短い形状の部材として，H形鋼・円形鋼管・角形鋼管があり，圧縮ブレースと呼んでいる．引張ブレースは圧縮耐力が小さいため，その耐力を設計の際に考慮していない．外力に対して引張耐力のみ抵抗力を期待するブレース形式である．圧縮ブレースは圧縮耐力が大きく，X型やK型に2本のブレースを配置して，圧縮力に抵抗するブレースと引張力に抵抗するブレースの一組が外力に対して抵抗力を発揮するブレース形式である．中低層建築物で採用されているブレースは引張ブレースがほとんどであり，高層建築物では圧縮ブレースが採用されることが多い．

　ブレースと柱・梁の間には一般にガセットプレートを用いる．この場合，図6.1に例を示すように，ブレース接合部の部位として2か所の接合部がある．ブレースとガセットプレートの接合部と

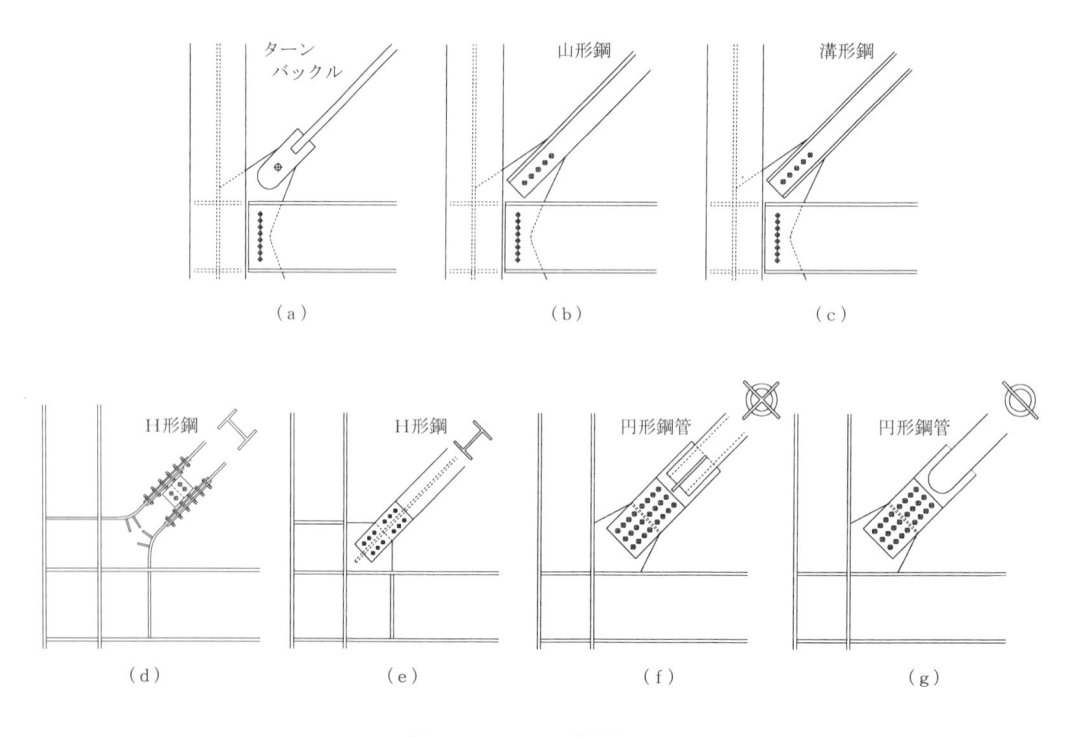

図6.1　ブレース接合部の例

してブレース端接合部があり，ガセットプレートと柱・梁の接合部としてガセットプレート接合部がある．ブレース端接合部は高力ボルト接合することが一般的である．ブレース端接合部を溶接接合すると，高力ボルト接合の場合に生じるボルト孔欠損やガセットプレート面内方向の偏心が避けられるために高い継手効率が得られるが，溶接作業が現場溶接となるので溶接部の品質確保が難しく，実建物における採用例は少ない．一方，ガセットプレート接合部は一般に工場溶接される．

ガセットプレートおよび柱・梁には，必要に応じてスチフナが設けられる．図6.1（a），（b），（c）の引張ブレースの場合は，ブレースの引張応力をガセットプレートのみで柱や梁に伝達させる設計とするため，ブレースによるスチフナは一般に必要ない．（d），（e）のH形鋼を用いたブレースの場合は，ブレースフランジの応力を柱や梁に円滑に伝達させ，また，柱フランジおよび梁フランジに面外変形が生じることを防ぐためにスチフナを設ける．（f），（g）の鋼管ブレースを用いてブレース端をピンと仮定して設計する場合は，座屈による構面外への作用力が小さいため，一般にスチフナなしの設計が可能である．

6.2 設計の要点

（1） 引張ブレース

地震荷重に抵抗するブレースは重要な構造部材であり，主として引張力が作用するブレース接合部は，ブレースが塑性化するまで接合部が破断しないことを保証する設計とする．したがって，ブレースを設計する際，許容応力度の検討に加えて，下記の条件を満足する必要がある．接合部係数 α は，ブレース接合部について鋼種と最大耐力の破壊形式に応じて1.1から1.3の値が標準的な値として用いられている．詳しくは【接合指針6章】に説明されている．

$$_jN_u \geq \alpha \cdot N_y \tag{6.1}$$

$_jN_u$：ブレース接合部の最大引張耐力
　　　（ブレース端接合部およびガセットプレート接合部が対象）
N_y：ブレース全断面の引張降伏耐力（$=_bA \cdot F_y$）
$_bA$：ブレースの全断面積
F_y：ブレースの降伏強さ
α：接合部係数

ガセットプレートは，ブレースの塑性化に先行して破断しないように接合部から伝達された応力の広がりを考慮して設計する．ガセットプレート接合部は，一般に両面隅肉溶接とすることが多い．隅肉溶接で耐力が不足する場合は，部分溶込み溶接または完全溶込み溶接とする．溶接継目の耐力は3章に示されている耐力算定式を用いて検討する．ブレースからの応力はブレースに最も近い第1ボルトから材軸方向に60°の範囲で広がり，この線と柱・梁との交点の範囲内の溶接継目を有効領域とみなす．建築用ターンバックル筋かいを用いる場合は，ブレースから応力が90°の範囲で広がると考えて溶接継目の有効領域を算定している[6.1)]．これは一般のブレースはファスナーのボルト本数が3本以上あり，第1ボルトから溶接継目までの長さが大きいが，ターンバックル筋かいの

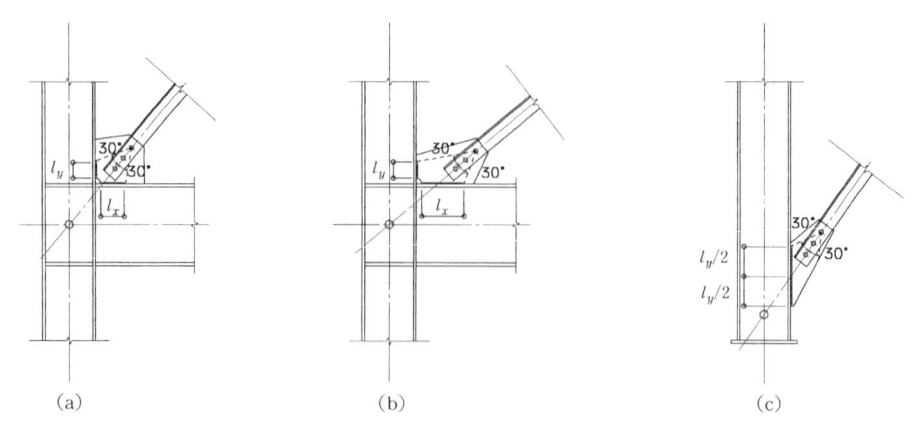

図 6.2 ガセットプレート接合部の有効領域

場合はこの部分の長さが小さいためである．溶接線が図 6.2（c）のように y 方向のみの場合は偏心曲げモーメントを付加して検討する．

（2） 圧縮ブレース

圧縮力によってブレースの耐力が決まる場合には最大引張耐力に基づく(6.1)式の条件を満たす必要はなく，部材の圧縮耐力より接合部耐力が大きいことを検討すればよい．また，骨組の終局時にブレースが弾性状態に留まる場合には，終局状態の応力に応じて接合部耐力を設計してよく，必ずしも上式を満足する必要はない．しかし，これらの場合についても(6.1)式を満足するように設計しておけば安全側の接合部設計となる．

H 形鋼をブレースとして用いる場合，図 6.3（a）のように構面外に座屈が生じるように H 形鋼を配置する場合が多い．この形式ではガセットプレートとブレースのウェブが同一構面になり，この部分は高力ボルトを用いた 2 面摩擦接合となる．ガセットプレートには曲げ加工した鋼板が設けられ，これとブレースフランジを高力ボルトによって 2 面摩擦接合する．この場合，ブレースフラ

（a） 構面外に座屈が生じるブレース配置　　（b） 構面内に座屈が生じるブレース配置

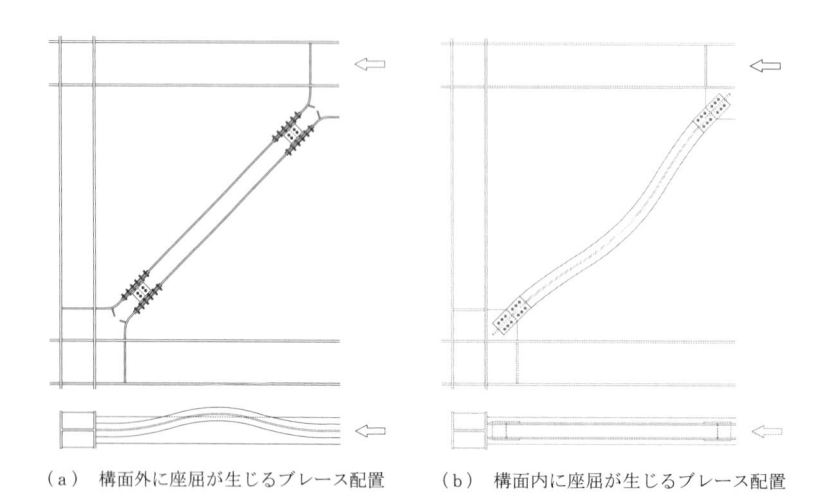

図 6.3 H 形鋼を用いたブレースの座屈挙動

ンジの応力を円滑に伝達させ，柱および梁が構面外方向に変形することを防止するためにスチフナを設ける必要がある．一方，図6.3（b）のように構面内に座屈が生じるようにH形鋼を配置する場合，構面外の変形が生じない点では有利であるが，ガセットプレートを2枚用いたダブルガセットプレート形式の接合部となるため，ガセットプレート組立ての精度確保と現場でのブレース設置作業が難しい．

ブレースに鋼管を用いる場合は，図6.1の（f）および（g）のようにブレース端に割込みガセットプレートを設ける形式が一般的である．割込みガセットプレート形式の設計については，本会の「鋼管トラス構造設計施工指針」に継手の種類に応じた所要割り込み溶接長さ，許容力，最大強さが記述されているので参照されたい．

6.3 検査上の留意点

5.4節では，柱梁接合部について検査上の留意点が記述されているが，ここではブレース接合部に特有の留意点について解説する．ブレース接合部では柱梁接合部と異なり，取合いに勾配が生じるため，接合部における設計上の節点の考え方について確認しておく必要がある．

（1） 外 観 検 査

外観検査では，ブレースの勾配によって外観検査が困難な場合があるので，必要に応じて携帯ライトや鏡を使用して，チェックする必要がある．その他は，5.4.1項を参照されたい．

（2） 超音波探傷検査

超音波探傷検査において探傷の支障となる一般的な事例を5.4.2の【事例1】～【事例3】に示した．ここでは，ブレース接合部について超音波探傷検査が困難となる場合を3つに分類し，例を以下に示す．

（a） 図6.4に示すように検査対象の近傍にあるガセットプレートや付属金物が検査前に取り付けられている場合は，屈折角を小さく，また振動子寸法を小さくして探傷する〔図5.28参照〕．

（b） 図6.5に示すような溶接部では，幾何学上，部分的に探傷不能範囲が生じるおそれがある．ブレースの勾配が90度～60度の場合は屈折角を大きくまた振動子寸法を小さくして探傷不能領域

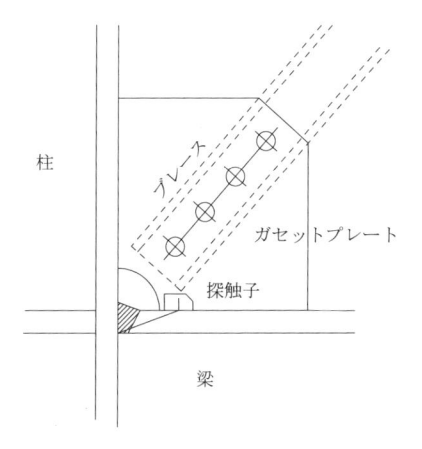

図6.4 検査対象の近傍に障害物がある場合[6.2]

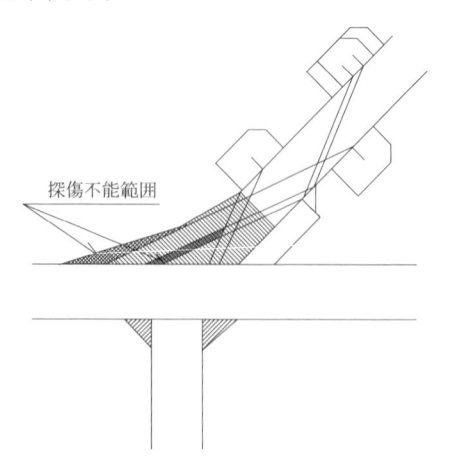

図 6.5 幾何学的に探傷不能範囲が生じる場合[6.2]

をカバーする．ブレースの勾配が 60 度〜 45 度の場合は検査不能領域が生じるため表面 SH 波探傷などを併用する．表面 SH 波探傷については，【UT 規準】を参照されたい．

（c） 図 6.6 に示すように，検査対象部材の探傷範囲が小さく，溶接線方向に対して超音波を直角に入射できず，十分に探傷できない場合がある．このように探傷不能範囲が生じる場合は，探触子の屈折角を小さくして振動子寸法を小さくするか，曲げ加工等による鋼材の音速変化を考慮してして適切な屈折角および感度補正を行う，または表面 SH 波探傷を併用する等により探傷するとよい．

斜角探傷法の場合，走査範囲 L は目安として，屈折角が 70 度の場合には板厚 t の 6 倍程度，65 度の場合には板厚 t の 5 倍程度，45 度の場合には板厚 t の 3 倍程度が必要になる．なお，表面 SH 波の場合には，板厚 t と同程度の走査範囲 L で検査が可能である．これらの内容は，5.4 節と同様である．

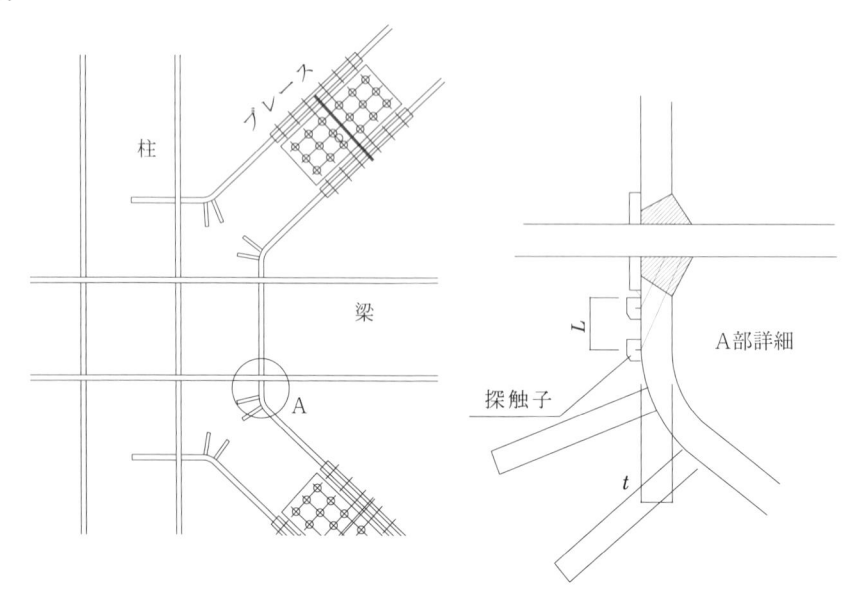

図 6.6 探傷範囲が限定される場合[6.2]

6.4 各種ブレース接合部

ブレース接合部は、ブレースに生じる軸方向力を周辺の柱・梁に確実に伝達させる役目を有し、その接合部の詳細は柱・梁・ブレースの形状、応力の伝達形式により数多くの組合せが考えられる。本節では代表的なブレース接合部の詳細例を示し、その特徴・注意点等を個々に解説する。

6.4.1 H形鋼ブレースのガセットプレート乗換え形式

H形鋼ブレースの軸方向力をガセットプレートに乗り換えて柱・梁に伝達する形式である。ガセットプレートのスチフナがブレースと同等の鋼種である場合、スチフナの断面積をブレースフランジの断面積と同等以上とする。高力ボルト摩擦接合によりブレースフランジからスチフナに伝達された軸方向力はせん断力によりガセットプレートに伝達させる。したがって、スチフナとガセットプレートの接合部は、一般に隅肉溶接とする。このスチフナの隅肉溶接部では、ブレースフランジの降伏耐力以上のせん断力を伝達できるように溶接長を確保する。ガセットプレートに伝達されたブレースの軸方向力は、梁材軸方向および柱材軸方向の直交2方向の成分となってそれぞれ柱および梁に伝達される。水平成分は、ガセットプレートが梁に接合する部位でせん断力として伝達できるように溶接長を確保し、鉛直成分については、ガセットプレートが柱に接合する部位でせん断力として伝達できるように溶接長を確保する。このガセットプレート溶接部は、主としてせん断力の伝達を意図して隅肉溶接される場合が多い。

長所として以下の点があげられる。ディテールの構成が比較的容易で製作しやすい。一般にガセットプレートは大きくなり、柱・梁とガセットプレートの隅肉溶接部の長さが大きくなるため隅肉溶接部の耐力を確保しやすい。

短所として以下の点があげられる。ガセットプレートが大きくなり建築計画・意匠上問題視される場合がある。柱・梁・ブレースの軸心が合う場合でも、溶接部の応力状態によって偏心曲げを考慮する必要がある。圧縮力によるガセットプレートの変形を防止するため、直交方向にスチフナが必要となる場合がある。

注意点として以下の点があげられる。梁フランジと柱フランジの交点が、ブレースの軸心に対し

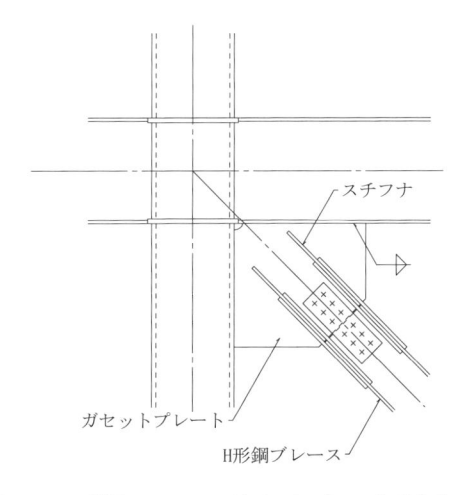

図6.7 H形鋼ブレースのガセットプレート乗換え形式

てずれている場合は仕口部全体に偏心曲げが発生する．この場合，この偏心曲げにより生じる応力を加えて溶接部の検討を行う．この偏心曲げを考慮すると隅肉溶接の耐力が不足する場合はガセットプレート接合部を完全溶込み溶接とする．

6.4.2 H形鋼ブレースの直接接合形式

　H形鋼ブレースのウェブ・フランジが負担する軸方向力を柱・梁に直接伝達させる形式である．ブレースと柱・梁の接合部は，すべての溶接継目で垂直応力の伝達を前提とするため，完全溶込み溶接が原則となる．ブレースフランジが柱・梁のフランジ面に対して傾斜して接合するため，図6.8のように曲げ加工を施して柱フランジまたは梁フランジに対して直角に接合させると完全溶込み溶接の施工性がよい．垂直応力を伝達させるため，上側のブレースフランジが接合する梁下フランジを介した先にスチフナが必要となる．このスチフナは梁ウェブで分断されて2枚となる．ブレースフランジが接合する梁下フランジとスチフナの溶接は完全溶込み溶接とする．このスチフナまで伝達された応力がせん断力により梁のウェブに伝達され，これが柱軸方向力に加算される．下側のブレースフランジと鋼管柱の接合部では図のような通しダイアフラム，あるいは内ダイアフラムを設けて柱へ応力を伝達させる．ブレースウェブが接合する梁ウェブは垂直応力による伝達を前提とするので，ブレースウェブ厚と同厚以上とすることが望ましい．ブレースの軸方向力が特に大きい場合は，ブレース端ウェブと梁端部ウェブを1枚の鋼板として組み立てる（梁フランジを2枚に分割する）場合もある．

　長所として以下の点があげられる．接合部がコンパクトになり，建築計画的・意匠的に好まれる場合が多い．

　短所として以下の点があげられる．加工工数が多く，製作に手間がかかる．接合部耐力は完全溶込み溶接の施工品質によるところが大きく，溶接不良が接合部耐力の低下に直結する．

　注意点として以下があげられる．図6.8のブレース端部のように，曲げ加工によりフランジの方向が変化する部位を設ける場合は，応力伝達の際に発生する分力を円滑に伝達させるために直交方

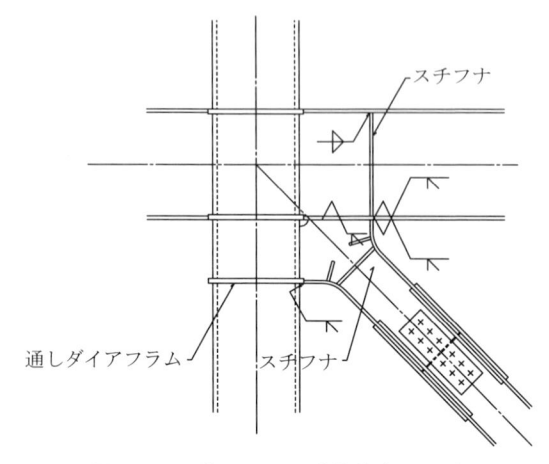

図6.8　H形鋼ブレース直接接合タイプ

向のスチフナを設ける．曲げ加工の曲率半径は，冷間加工の場合は残留ひずみレベルを低く抑えるために板厚の 10 倍以上とする．伝達する応力状態によっては，熱処理により残留応力を解放しておく必要がある．

6.4.3 H 形鋼柱弱軸曲げ方向ブレース

　弱軸方向の H 形鋼柱と H 形鋼梁を用いる構面にブレースを設ける場合の例を図 6.9 に示す．ここでは溝形鋼 2 丁合せのブレースを用いる例を示している．ガセットプレートに伝達されたブレースの軸方向力は，柱材軸方向および梁材軸方向の直交 2 方向の成分として柱および梁に伝達される．水平成分は，ガセットプレートが梁に接合する部位でせん断力として伝達できるように溶接長を確保し，鉛直成分は，ガセットプレートが柱に接合する部位でせん断力として伝達できるように溶接長を確保する．柱が弱軸方向の H 形鋼である場合，ガセットプレートは H 形鋼柱のウェブに直交して接合される．ガセットプレートが接合する柱ウェブの背面に取り合う部材がない場合が多く，ガセットプレートから伝達される鉛直成分はせん断力のみで柱に伝達させることになり，一般にガセットプレートは柱ウェブに隅肉溶接される．この隅肉溶接部は柱の軸心と一致しており，偏心は

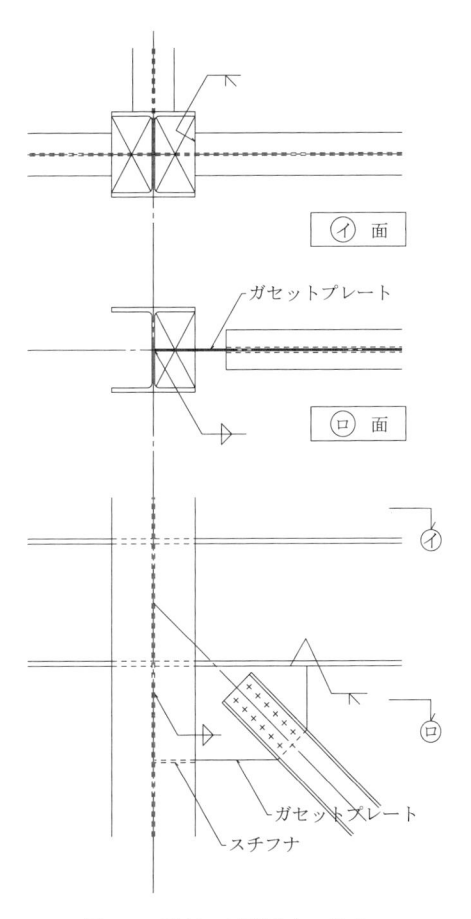

図 6.9　弱軸 H 形鋼柱との取合い

生じない．一方，ガセットプレートと梁の接合部は図6.9のように下側の梁フランジ位置となる．この接合部は梁の軸心よりも梁せいの半分だけ下がるため，柱と梁の交点からずれる場合が多い．したがって，ガセットプレート溶接部を隅肉溶接とする場合は，この偏心に基づく曲げを付加して隅肉溶接の検討を行なうか，あるいは溶接継目で軸方向力の伝達ができるように，図6.9のようにガセットプレート端を完全溶込み溶接とする．

長所として以下の点があげられる．ディテールの構成が比較的容易で製作しやすい．一般にガセットプレートは大きくなり，隅肉溶接部の設計ではせん断力の伝達だけ考えるために実際には存在する垂直応力伝達能力が安全率を上げ，余力のある接合部構成となりやすい．

短所として以下の点があげられる．柱・梁・ブレースの軸心が合っていても，溶接部位置によっては偏心曲げを考慮する必要がある．圧縮力が作用する場合は，直交方向のスチフナを設けてガセットプレートの座屈を防止する配慮が必要となる．ガセットプレートが大きくなり，建築計画的・意匠的に問題視される場合がある．

6.4.4 鋼管ブレースの割込みプレート形式

鋼管ブレースに割込みプレート形式を用いる場合のディテール例を図6.10に示す．角形鋼管の場合も同様である．鋼管ブレース端部に十字型にスリットを入れてプレートを割り込ませ，この割込みプレートと鋼管の接合部を隅肉溶接する．鋼管ブレースの軸方向力は，割込みプレート接合部のせん断力により伝達させる．したがって，通常，割込みプレートと鋼管の接合部はせん断力の伝達を目的として隅肉溶接とし，ブレースフランジの降伏耐力以上のせん断力を伝達できるように溶接長を決める．ブレース端部は十字形の断面となり，これをフレーム側のガセットプレートに高力ボルト摩擦接合で接合する．設計応力が小さい場合は割込みプレートを十字形でなく，平板とすることもある．その場合は，特に割込みプレートに座屈が生じないように注意する．ガセットプレートから柱・梁への伝達機構は，ガセットプレート乗換え形式と同様である．

長所として以下の点があげられる．一般に割込みプレートは相応に大きくなり，隅肉溶接部の設計ではせん断力の伝達だけを考えるため，実際には存在する溶接継目の垂直応力伝達能力が安全率を上げ，余力のある接合部構成となりやすい．

短所として以下の点があげられる．割込みプレートが大きくなり，建築計画的・意匠的に問題視される場合がある．

(a) 平板割込み形式

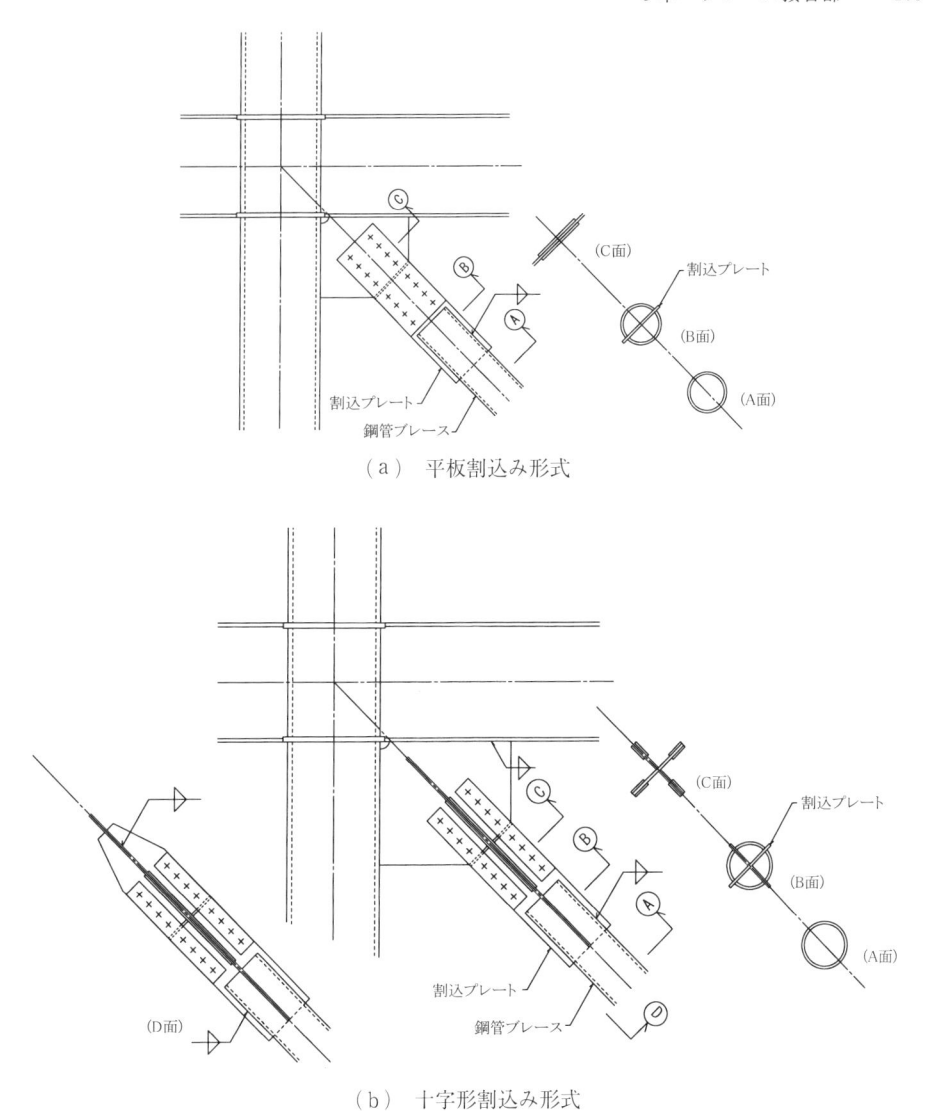

(b) 十字形割込み形式

図 6.10 鋼管ブレースの割込みプレート形式

6.4.5 鋼管ブレースのエンドプレート形式

　鋼管ブレースにエンドプレート形式を用いる場合のディテール例を図 6.11 に示す．角形鋼管の場合も同様である．鋼管ブレース端部をエンドプレートに完全溶込み溶接し，このエンドプレートに対してガセットプレートを完全溶込み溶接する．ブレース端部は十字形の断面となり，これを柱・梁に接合するガセットプレートに高力ボルト摩擦接合で接合する．エンドプレートに面外方向の曲げ応力が発生するため，一般にエンドプレートは相応の厚さとなる．設計応力が小さい場合はガセットプレートを十字形でなく，平板とすることもある．その場合は特に割込みプレートに座屈が生じないように注意する．ガセットプレートから周辺フレームへの伝達機構は，ガセットプレート乗換え形式と同様である．

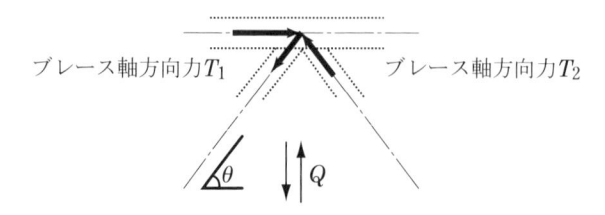

梁の軸方向力
（ブレース軸方向力の水平成分）
$H = (T_1 + T_2) \times \cos\theta$

ブレース軸方向力 T_1　　ブレース軸方向力 T_2

接合点に生じる鉛直方向せん断力
$Q = (T_1 + T_2) \times \sin\theta$

図 6.14　梁の中間部の応力状態

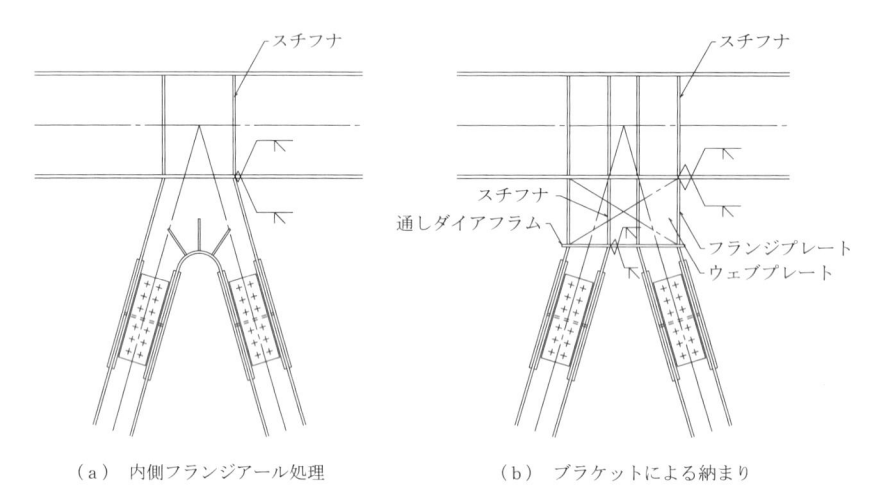

（a）内側フランジアール処理　　（b）ブラケットによる納まり

偏心曲げ
$M = e(T_1 + T_2)\cos\theta$

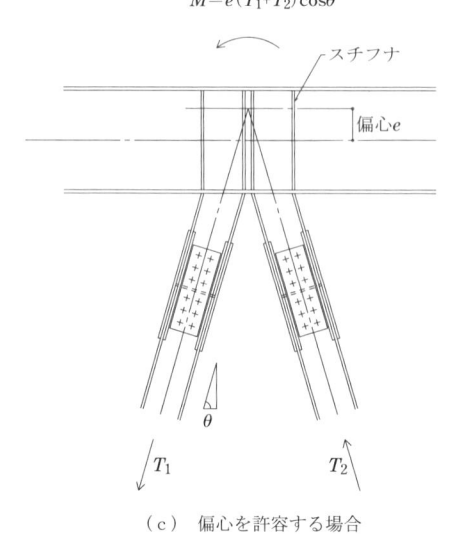

偏心 e

（c）偏心を許容する場合

図 6.15　勾配が大きいブレースと梁の中間部との取合い

ジが干渉することになる．形状的な部材の干渉は溶接接合の確実な施工を困難にする．これを避けるための対処として，干渉するフランジをアール加工で接合させ，内側フランジの伝達応力を最終的にウェブに負担させる方法（図6.15（a）），梁フランジからブラケット状の基部を突出させて通しダイアフラムを介してブレースを接合する方法（図6.15（b））がある．また，ブレース軸心の交点と梁軸心の交点をずらして形状として干渉を避ける方法（図6.15（c））もあるが，この場合は狙い点のずれにより梁に偏心曲げが生じるので，この偏心曲げによる応力を考慮して梁断面を選ぶ必要がある．

（2） ブレースの勾配が小さい場合

ブレースの勾配が小さい場合，直接接合形式ではブレースの下側フランジの梁フランジに対する取合い角度が鋭角になり，完全溶込み溶接を自然開先としても大きな溶接量となる傾向がある（図6.16（a））．過大な溶接量による熱影響で鋼材の靱性が低下するおそれがあるため，極端に勾配が小さい場合は直接接合形式の採用を避けた方がよい．また，ガセットプレート乗換え形式は，ガセットプレートが大きくなり（図6.16（b）），建築計画上問題となる場合がある．この場合，図6.16（c）のようにブレース軸心の交点と梁軸心をずらして偏心を許容することにより，ガセットプレートをコンパクトに納めることが可能である．ただし，梁に偏心曲げが生じるので，この偏心曲げに対し

(a) 直接接合形式

(b) ガセットプレート乗換え形式
（偏心を避ける場合）

(c) ガセットプレート乗換え形式
（偏心を許容する場合）

偏心曲げ
$M = e(T_1 + T_2)\cos\theta$

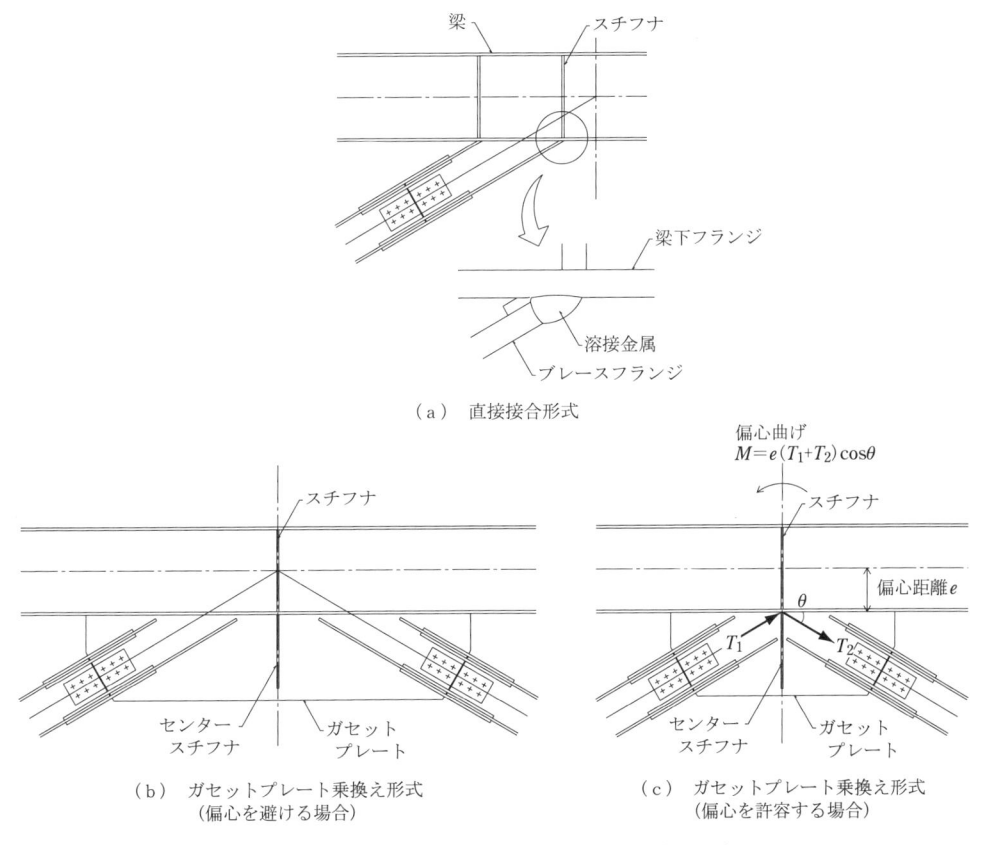

図6.16 勾配が小さいブレースと梁の中間部との取合い

て問題の生じない梁断面を選定する必要がある．

参 考 文 献

6.1) 日本鋼構造協会：建築用ターンバックル筋かい設計施工指針・同解説　JSS Ⅳ 01-2005
6.2) 構造物第三者検査機関協会：建築鉄骨溶接部検査の留意点シート

付　録

付1. 角形鋼管柱梁接合部における接合部係数の例

1. 総　則

本会「鋼構造接合部設計指針(2006)」では，梁端部が柱梁接合部で剛接合され，終局限界状態で梁の塑性変形を利用する場合を対象として，梁端接合部の最大曲げ耐力が（付1）式を満たすことを要求している．

$$_jM_u \geq \alpha \cdot {_bM_p} \qquad (付1)$$

　　$_jM_u$：梁端接合部の最大曲げ耐力

　　$_bM_p$：梁の全塑性モーメント

　　α：梁端の接合部係数．個別に検討を行わない場合で，接合部の最大耐力を決める破壊形式が母材の破断の時は，付表1.1の値とする．

付表1.1　梁端の接合部係数

鋼種	α
SS400	1.40
SM490	1.35
SN400	1.30
SN490	1.25

ここでは，通しダイアフラム形式を対象として，角形鋼管柱(BCR295)とH形鋼梁(SN400, SN490)の組合せに対し，$_jM_u$ および $_bM_p$ を算定し，（付1）式による検定を行った．対象とした角形鋼管は，板厚 $t = 6, 9, 12, 16, 19, 22$ mm のもので，H形鋼はJIS G 3192の中で細幅系列に属するものである．梁の鋼種がSN400およびSN490の場合を，それぞれ，付表1.2および付表1.3に示す．なお，（付1）式を満足しない場合は，接合部パネルの板厚を増す，可能であればノンスカラップ形式を採用するなどの方法で $_jM_u$ を大きくする．なお，$_bM_p$ は本会「鋼構造限界状態設計指針・同解説(2010年)」の付録1に示されている塑性断面係数に基づき算定した．

2. 記　　号

付表1.2および付表1.3中の記号および数値の意味は，以下に示すとおりである．

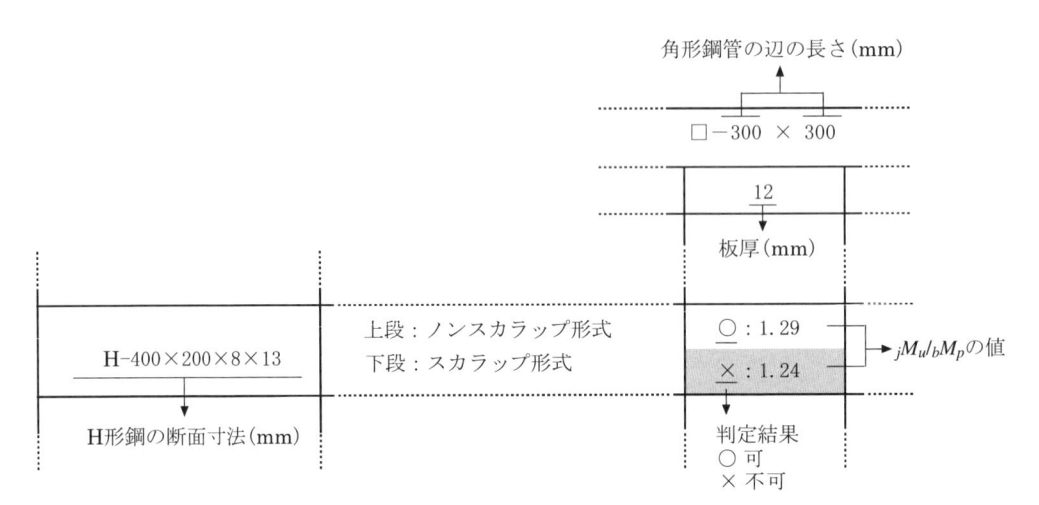

角形鋼管の辺の長さ(mm)
□－300 × 300

板厚(mm): 12

H形鋼の断面寸法(mm): H-400×200×8×13

上段：ノンスカラップ形式
下段：スカラップ形式

○ : 1.29
× : 1.24

→ $_jM_u/_bM_p$ の値

判定結果
○ 可
× 不可

付1. 角形鋼管柱梁接合部における接合部係数の例 — 111 —

付表1.2 (a) 角形鋼管柱（BCR295）とH形鋼梁（SN400）の組合せ：$\alpha \geqq 1.30$

梁断面＼柱断面	□-200×200			□-250×250			
	6	9	12	6	9	12	16
H-248×124×5×8	○：1.45 ○：1.37	○：1.51 ○：1.40	○：1.51 ○：1.40	○：1.47 ○：1.38	○：1.51 ○：1.40	○：1.51 ○：1.40	○：1.51 ○：1.40
H-250×125×6×9	○：1.44 ○：1.36	○：1.51 ○：1.39	○：1.51 ○：1.40	○：1.45 ○：1.37	○：1.51 ○：1.40	○：1.51 ○：1.40	○：1.51 ○：1.40
H-298×149×5.5×8	○：1.37 ○：1.31	○：1.43 ○：1.35	○：1.47 ○：1.37	○：1.38 ○：1.32	○：1.45 ○：1.36	○：1.47 ○：1.37	○：1.47 ○：1.37
H-300×150×6.5×9	○：1.36 ○：1.30	○：1.41 ○：1.34	○：1.47 ○：1.37	○：1.37 ○：1.31	○：1.44 ○：1.35	○：1.47 ○：1.37	○：1.47 ○：1.37
H-346×174×6×9	○：1.37 ○：1.33	○：1.42 ○：1.36	○：1.46 ○：1.39	○：1.38 ○：1.33	○：1.43 ○：1.37	○：1.49 ○：1.40	○：1.49 ○：1.40
H-350×175×7×11	○：1.38 ○：1.34	○：1.42 ○：1.37	○：1.46 ○：1.40	○：1.39 ○：1.35	○：1.44 ○：1.38	○：1.49 ○：1.41	○：1.50 ○：1.42
H-396×199×7×11				○：1.38 ○：1.35	○：1.43 ○：1.38	○：1.47 ○：1.41	○：1.51 ○：1.44
H-400×200×8×13				○：1.39 ○：1.36	○：1.43 ○：1.39	○：1.47 ○：1.42	○：1.52 ○：1.45
H-446×199×8×12				○：1.33 ○：1.30	○：1.37 ○：1.33	○：1.41 ○：1.36	○：1.46 ○：1.40
H-450×200×9×14				○：1.34 ○：1.31	○：1.38 ○：1.34	○：1.41 ○：1.37	○：1.46 ○：1.40
H-496×199×9×14				○：1.30 ×：1.28	○：1.34 ○：1.31	○：1.37 ○：1.33	○：1.42 ○：1.37
H-500×200×10×16				○：1.31 ×：1.29	○：1.34 ○：1.31	○：1.38 ○：1.34	○：1.42 ○：1.37
H-506×201×11×19				○：1.33 ○：1.31	○：1.36 ○：1.34	○：1.39 ○：1.36	○：1.43 ○：1.39
H-600×200×11×17 H-606×201×12×20							

付表1.3 (a) 角形鋼管柱（BCR295）とH形鋼梁（SN490）の組合せ：$\alpha \geqq 1.25$

梁断面＼柱断面	□-200×200			□-250×250			
	6	9	12	6	9	12	16
H-248×124×5×8	○：1.28 ×：1.21	○：1.34 ×：1.24	○：1.37 ×：1.26	○：1.30 ×：1.22	○：1.37 ×：1.26	○：1.37 ×：1.26	○：1.37 ×：1.26
H-250×125×6×9	○：1.27 ×：1.20	○：1.33 ×：1.23	○：1.37 ×：1.25	○：1.28 ×：1.21	○：1.35 ×：1.24	○：1.37 ×：1.25	○：1.37 ×：1.25
H-298×149×5.5×8	×：1.21 ×：1.16	○：1.26 ×：1.19	○：1.31 ×：1.22	×：1.22 ×：1.17	○：1.28 ×：1.20	○：1.33 ×：1.23	○：1.33 ×：1.23
H-300×150×6.5×9	×：1.20 ×：1.15	○：1.25 ×：1.18	○：1.29 ×：1.21	×：1.21 ×：1.16	○：1.27 ×：1.19	○：1.32 ×：1.22	○：1.33 ×：1.23
H-396×199×7×11	×：1.21 ×：1.17	○：1.25 ×：1.20	○：1.29 ×：1.22	×：1.22 ×：1.18	○：1.26 ×：1.21	○：1.31 ×：1.24	○：1.34 ×：1.26
H-400×200×8×13	×：1.22 ×：1.19	○：1.25 ×：1.21	○：1.29 ×：1.23	×：1.23 ×：1.19	○：1.27 ×：1.22	○：1.31 ×：1.25	○：1.36 ×：1.27
H-396×199×7×11				×：1.22 ×：1.20	○：1.26 ×：1.22	○：1.30 ×：1.25	○：1.35 ×：1.28
H-400×200×8×13				×：1.23 ×：1.21	○：1.26 ×：1.23	○：1.30 ×：1.25	○：1.34 ×：1.28
H-446×199×8×12				×：1.17 ×：1.15	×：1.21 ×：1.18	×：1.24 ×：1.20	○：1.29 ×：1.23
H-450×200×9×14				×：1.18 ×：1.16	×：1.22 ×：1.19	○：1.25 ×：1.21	○：1.29 ×：1.24
H-496×199×9×14				×：1.15 ×：1.13	×：1.18 ×：1.15	×：1.21 ×：1.18	○：1.25 ×：1.20
H-500×200×10×16				×：1.16 ×：1.14	×：1.19 ×：1.16	×：1.22 ×：1.18	×：1.25 ×：1.21
H-506×201×11×19				×：1.18 ×：1.16	×：1.20 ×：1.18	×：1.23 ×：1.20	○：1.26 ×：1.22
H-600×200×11×17 H-606×201×12×20							

付表1.2（b） 角形鋼管柱（BCR295）とH形鋼梁（SN400）の組合せ：$\alpha \geq 1.30$

梁断面＼柱断面	□-300×300					□-350×350				
	6	9	12	16	19	9	12	16	19	22
H-248×124×5×8	○：1.49 ○：1.39	○：1.51 ○：1.40	○：1.51 ○：1.40	○：1.51 ○：1.40	○：1.51 ○：1.40	○：1.51 ○：1.40	○：1.51 ○：1.40	○：1.51 ○：1.40	○：1.51 ○：1.40	○：1.51 ○：1.40
H-250×125×6×9	○：1.47 ○：1.38	○：1.51 ○：1.40	○：1.51 ○：1.40	○：1.51 ○：1.40	○：1.51 ○：1.40	○：1.51 ○：1.40	○：1.51 ○：1.40	○：1.51 ○：1.40	○：1.51 ○：1.40	○：1.51 ○：1.40
H-298×149×5.5×8	○：1.40 ○：1.33	○：1.47 ○：1.37	○：1.47 ○：1.37	○：1.47 ○：1.37	○：1.47 ○：1.37	○：1.47 ○：1.37	○：1.47 ○：1.37	○：1.47 ○：1.37	○：1.47 ○：1.37	○：1.47 ○：1.37
H-300×150×6.5×9	○：1.39 ○：1.32	○：1.46 ○：1.36	○：1.47 ○：1.37	○：1.47 ○：1.37	○：1.47 ○：1.37	○：1.47 ○：1.37	○：1.47 ○：1.37	○：1.47 ○：1.37	○：1.47 ○：1.37	○：1.47 ○：1.37
H-346×174×6×9	○：1.39 ○：1.34	○：1.45 ○：1.38	○：1.49 ○：1.40	○：1.49 ○：1.40	○：1.49 ○：1.40	○：1.47 ○：1.39	○：1.49 ○：1.40	○：1.49 ○：1.40	○：1.49 ○：1.40	○：1.49 ○：1.40
H-350×175×7×11	○：1.40 ○：1.36	○：1.46 ○：1.39	○：1.50 ○：1.42	○：1.50 ○：1.42	○：1.50 ○：1.42	○：1.47 ○：1.40	○：1.50 ○：1.42	○：1.50 ○：1.42	○：1.50 ○：1.42	○：1.50 ○：1.42
H-396×199×7×11	○：1.39 ○：1.36	○：1.44 ○：1.39	○：1.49 ○：1.42	○：1.51 ○：1.44	○：1.51 ○：1.44	○：1.46 ○：1.40	○：1.51 ○：1.44	○：1.51 ○：1.44	○：1.51 ○：1.44	○：1.51 ○：1.44
H-400×200×8×13	○：1.40 ○：1.37	○：1.44 ○：1.40	○：1.49 ○：1.43	○：1.52 ○：1.45	○：1.52 ○：1.45	○：1.46 ○：1.41	○：1.50 ○：1.44	○：1.52 ○：1.45	○：1.52 ○：1.45	○：1.52 ○：1.45
H-446×199×8×12	○：1.34 ○：1.31	○：1.38 ○：1.34	○：1.43 ○：1.37	○：1.49 ○：1.41	○：1.49 ○：1.42	○：1.40 ○：1.35	○：1.45 ○：1.38	○：1.49 ○：1.42	○：1.49 ○：1.42	○：1.49 ○：1.42
H-450×200×9×14	○：1.35 ○：1.32	○：1.39 ○：1.35	○：1.43 ○：1.38	○：1.48 ○：1.42	○：1.50 ○：1.43	○：1.40 ○：1.36	○：1.45 ○：1.39	○：1.50 ○：1.43	○：1.50 ○：1.43	○：1.50 ○：1.43
H-496×199×9×14	○：1.31 ×：1.28	○：1.35 ○：1.31	○：1.39 ○：1.34	○：1.44 ○：1.38	○：1.48 ○：1.41	○：1.36 ○：1.32	○：1.40 ○：1.35	○：1.46 ○：1.40	○：1.49 ○：1.41	○：1.49 ○：1.41
H-500×200×10×16	○：1.32 ○：1.30	○：1.36 ○：1.33	○：1.39 ○：1.35	○：1.44 ○：1.39	○：1.48 ○：1.41	○：1.37 ○：1.33	○：1.41 ○：1.36	○：1.46 ○：1.40	○：1.49 ○：1.42	○：1.49 ○：1.42
H-506×201×11×19	○：1.34 ○：1.32	○：1.37 ○：1.34	○：1.40 ○：1.37	○：1.45 ○：1.40	○：1.48 ○：1.42	○：1.38 ○：1.35	○：1.42 ○：1.38	○：1.46 ○：1.41	○：1.50 ○：1.44	○：1.51 ○：1.44
H-600×200×11×17	×：1.24 ×：1.22	×：1.27 ×：1.25	○：1.31 ×：1.27	○：1.35 ○：1.31	○：1.39 ○：1.33	×：1.28 ×：1.25	○：1.32 ×：1.28	○：1.37 ○：1.32	○：1.41 ○：1.35	○：1.44 ○：1.38
H-606×201×12×20	×：1.26 ×：1.24	×：1.29 ×：1.27	○：1.32 ×：1.29	○：1.36 ○：1.32	○：1.39 ○：1.35	×：1.28 ×：1.28	○：1.34 ○：1.30	○：1.38 ○：1.34	○：1.41 ○：1.36	○：1.44 ○：1.39

付表1.3（b） 角形鋼管柱（BCR295）とH形鋼梁（SN490）の組合せ：$\alpha \geq 1.25$

梁断面＼柱断面	□-300×300					□-350×350				
	6	9	12	16	19	9	12	16	19	22
H-248×124×5×8	○：1.31 ×：1.23	○：1.37 ○：1.26	○：1.37 ○：1.26	○：1.37 ○：1.26	○：1.37 ○：1.26	○：1.37 ○：1.26	○：1.37 ○：1.26	○：1.37 ○：1.26	○：1.37 ○：1.26	○：1.37 ○：1.26
H-250×125×6×9	○：1.30 ×：1.22	○：1.37 ○：1.25	○：1.37 ○：1.25	○：1.37 ○：1.25	○：1.37 ○：1.25	○：1.37 ○：1.25	○：1.37 ○：1.25	○：1.37 ○：1.25	○：1.37 ○：1.25	○：1.37 ○：1.25
H-298×149×5.5×8	×：1.23 ×：1.17	○：1.30 ×：1.21	○：1.33 ×：1.23	○：1.33 ×：1.23	○：1.33 ×：1.23	○：1.31 ×：1.22	○：1.33 ×：1.23	○：1.33 ×：1.23	○：1.33 ×：1.23	○：1.33 ×：1.23
H-300×150×6.5×9	×：1.22 ×：1.17	○：1.28 ×：1.20	○：1.33 ×：1.23	○：1.33 ×：1.23	○：1.33 ×：1.23	○：1.30 ×：1.21	○：1.33 ×：1.23	○：1.33 ×：1.23	○：1.33 ×：1.23	○：1.33 ×：1.23
H-396×199×7×11	×：1.23 ×：1.19	○：1.28 ×：1.22	○：1.33 ×：1.25	○：1.34 ×：1.26	○：1.34 ×：1.26	○：1.29 ×：1.23	○：1.34 ×：1.26	○：1.34 ×：1.26	○：1.34 ×：1.26	○：1.34 ×：1.26
H-400×200×8×13	×：1.24 ×：1.20	○：1.28 ×：1.23	○：1.33 ○：1.26	○：1.36 ○：1.27	○：1.36 ○：1.27	○：1.30 ×：1.24	○：1.35 ○：1.27	○：1.36 ○：1.27	○：1.36 ○：1.27	○：1.36 ○：1.27
H-396×199×7×11	×：1.23 ×：1.20	○：1.27 ×：1.23	○：1.31 ○：1.26	○：1.37 ○：1.29	○：1.37 ○：1.29	○：1.28 ×：1.24	○：1.33 ○：1.27	○：1.37 ○：1.29	○：1.37 ○：1.29	○：1.37 ○：1.29
H-400×200×8×13	×：1.24 ×：1.21	○：1.27 ×：1.23	○：1.31 ○：1.26	○：1.36 ○：1.29	○：1.36 ○：1.30	○：1.28 ×：1.24	○：1.32 ○：1.27	○：1.37 ○：1.30	○：1.37 ○：1.30	○：1.37 ○：1.30
H-446×199×8×12	×：1.18 ×：1.16	×：1.22 ×：1.18	○：1.26 ×：1.21	○：1.31 ○：1.25	○：1.35 ○：1.27	×：1.23 ×：1.19	○：1.27 ×：1.22	○：1.33 ○：1.26	○：1.35 ○：1.27	○：1.35 ○：1.27
H-450×200×9×14	×：1.19 ×：1.17	×：1.23 ×：1.19	○：1.26 ×：1.22	○：1.31 ○：1.25	○：1.34 ○：1.27	×：1.24 ×：1.20	○：1.27 ×：1.23	○：1.32 ○：1.26	○：1.36 ○：1.28	○：1.36 ○：1.28
H-496×199×9×14	×：1.16 ×：1.14	×：1.19 ×：1.16	×：1.23 ×：1.19	○：1.27 ×：1.22	○：1.30 ×：1.24	×：1.20 ×：1.17	○：1.24 ×：1.19	○：1.29 ×：1.23	○：1.32 ○：1.26	○：1.35 ○：1.27
H-500×200×10×16	×：1.16 ×：1.15	×：1.20 ×：1.17	×：1.23 ×：1.19	○：1.27 ×：1.22	○：1.30 ×：1.24	×：1.20 ×：1.17	○：1.24 ×：1.20	○：1.29 ×：1.23	○：1.32 ○：1.26	○：1.35 ○：1.28
H-506×201×11×19	×：1.18 ×：1.17	×：1.21 ×：1.19	×：1.24 ×：1.21	○：1.28 ×：1.23	○：1.30 ×：1.25	×：1.22 ×：1.19	○：1.25 ×：1.21	○：1.29 ×：1.24	○：1.32 ○：1.27	○：1.35 ○：1.29
H-600×200×11×17	×：1.09 ×：1.08	×：1.12 ×：1.10	×：1.15 ×：1.12	×：1.19 ×：1.15	×：1.22 ×：1.18	×：1.13 ×：1.11	×：1.16 ×：1.13	×：1.21 ×：1.17	×：1.24 ×：1.19	○：1.27 ×：1.21
H-606×201×12×20	×：1.11 ×：1.10	×：1.14 ×：1.12	×：1.17 ×：1.14	×：1.20 ×：1.17	×：1.23 ×：1.19	×：1.15 ×：1.13	×：1.18 ×：1.15	×：1.22 ×：1.18	×：1.24 ×：1.20	○：1.27 ×：1.22

付1. 角形鋼管柱梁接合部における接合部係数の例

付表1.2（c） 角形鋼管柱（BCR295）とH形鋼梁（SN400）の組合せ：$\alpha \geq 1.30$

梁断面＼柱断面	□-400×400					□-450×450				
	9	12	16	19	22	9	12	16	19	22
H-248×124×5×8	○:1.51 ○:1.40	○:1.51 ○:1.40	○:1.51 ○:1.40	○:1.51 ○:1.40	○:1.51 ○:1.40	○:1.51 ○:1.40	○:1.51 ○:1.40	○:1.51 ○:1.40	○:1.51 ○:1.40	○:1.51 ○:1.40
H-250×125×6×9	○:1.51 ○:1.40	○:1.51 ○:1.40	○:1.51 ○:1.40	○:1.51 ○:1.40	○:1.51 ○:1.40	○:1.51 ○:1.40	○:1.51 ○:1.40	○:1.51 ○:1.40	○:1.51 ○:1.40	○:1.51 ○:1.40
H-298×149×5.5×8	○:1.47 ○:1.37	○:1.47 ○:1.37	○:1.47 ○:1.37	○:1.47 ○:1.37	○:1.47 ○:1.37	○:1.47 ○:1.37	○:1.47 ○:1.37	○:1.47 ○:1.37	○:1.47 ○:1.37	○:1.47 ○:1.37
H-300×150×6.5×9	○:1.47 ○:1.37	○:1.47 ○:1.37	○:1.47 ○:1.37	○:1.47 ○:1.37	○:1.47 ○:1.37	○:1.47 ○:1.37	○:1.47 ○:1.37	○:1.47 ○:1.37	○:1.47 ○:1.37	○:1.47 ○:1.37
H-346×174×6×9	○:1.48 ○:1.40	○:1.49 ○:1.40	○:1.49 ○:1.40	○:1.49 ○:1.40	○:1.49 ○:1.40	○:1.49 ○:1.40	○:1.49 ○:1.40	○:1.49 ○:1.40	○:1.49 ○:1.40	○:1.49 ○:1.40
H-350×175×7×11	○:1.48 ○:1.41	○:1.50 ○:1.42	○:1.50 ○:1.42	○:1.50 ○:1.42	○:1.50 ○:1.42	○:1.50 ○:1.42	○:1.50 ○:1.42	○:1.50 ○:1.42	○:1.50 ○:1.42	○:1.50 ○:1.42
H-396×199×7×11	○:1.47 ○:1.41	○:1.51 ○:1.44	○:1.51 ○:1.44	○:1.51 ○:1.44	○:1.51 ○:1.44	○:1.48 ○:1.42	○:1.51 ○:1.44	○:1.51 ○:1.44	○:1.51 ○:1.44	○:1.51 ○:1.44
H-400×200×8×13	○:1.47 ○:1.41	○:1.52 ○:1.45	○:1.52 ○:1.45	○:1.52 ○:1.45	○:1.52 ○:1.45	○:1.48 ○:1.42	○:1.52 ○:1.45	○:1.52 ○:1.45	○:1.52 ○:1.45	○:1.52 ○:1.45
H-446×199×8×12	○:1.41 ○:1.36	○:1.46 ○:1.39	○:1.49 ○:1.42	○:1.49 ○:1.42	○:1.49 ○:1.42	○:1.42 ○:1.36	○:1.48 ○:1.40	○:1.49 ○:1.42	○:1.49 ○:1.42	○:1.49 ○:1.42
H-450×200×9×14	○:1.41 ○:1.36	○:1.46 ○:1.40	○:1.50 ○:1.43	○:1.50 ○:1.43	○:1.50 ○:1.43	○:1.42 ○:1.37	○:1.47 ○:1.41	○:1.50 ○:1.43	○:1.50 ○:1.43	○:1.50 ○:1.43
H-496×199×9×14	○:1.37 ○:1.33	○:1.42 ○:1.36	○:1.48 ○:1.41	○:1.49 ○:1.41	○:1.49 ○:1.41	○:1.38 ○:1.34	○:1.43 ○:1.37	○:1.49 ○:1.41	○:1.49 ○:1.41	○:1.49 ○:1.41
H-500×200×10×16	○:1.37 ○:1.34	○:1.42 ○:1.37	○:1.48 ○:1.41	○:1.49 ○:1.42	○:1.49 ○:1.42	○:1.38 ○:1.34	○:1.43 ○:1.38	○:1.49 ○:1.42	○:1.49 ○:1.42	○:1.49 ○:1.42
H-506×201×11×19	○:1.39 ○:1.35	○:1.43 ○:1.38	○:1.48 ○:1.42	○:1.51 ○:1.44	○:1.51 ○:1.44	○:1.40 ○:1.36	○:1.44 ○:1.39	○:1.49 ○:1.43	○:1.51 ○:1.44	○:1.51 ○:1.44
H-600×200×11×17	×:1.29 ×:1.26	○:1.33 ×:1.29	○:1.39 ○:1.33	○:1.43 ○:1.36	○:1.46 ○:1.39	×:1.30 ×:1.27	○:1.34 ○:1.30	○:1.40 ○:1.35	○:1.44 ○:1.38	○:1.47 ○:1.40
H-606×201×12×20	○:1.31 ×:1.28	○:1.35 ○:1.31	○:1.39 ○:1.35	○:1.43 ○:1.37	○:1.46 ○:1.40	○:1.32 ×:1.29	○:1.36 ○:1.32	○:1.41 ○:1.36	○:1.45 ○:1.39	○:1.48 ○:1.41

付表1.3（c） 角形鋼管柱（BCR295）とH形鋼梁（SN490）の組合せ：$\alpha \geq 1.25$

梁断面＼柱断面	□-400×400					□-450×450				
	9	12	16	19	22	9	12	16	19	22
H-248×124×5×8	○:1.37 ○:1.26	○:1.37 ○:1.26	○:1.37 ○:1.26	○:1.37 ○:1.26	○:1.37 ○:1.26	○:1.37 ○:1.26	○:1.37 ○:1.26	○:1.37 ○:1.26	○:1.37 ○:1.26	○:1.37 ○:1.26
H-250×125×6×9	○:1.37 ○:1.25	○:1.37 ○:1.25	○:1.37 ○:1.25	○:1.37 ○:1.25	○:1.37 ○:1.25	○:1.37 ○:1.25	○:1.37 ○:1.25	○:1.37 ○:1.25	○:1.37 ○:1.25	○:1.37 ○:1.25
H-298×149×5.5×8	○:1.33 ×:1.23	○:1.33 ×:1.23	○:1.33 ×:1.23	○:1.33 ×:1.23	○:1.33 ×:1.23	○:1.33 ×:1.23	○:1.33 ×:1.23	○:1.33 ×:1.23	○:1.33 ×:1.23	○:1.33 ×:1.23
H-300×150×6.5×9	○:1.32 ×:1.22	○:1.33 ×:1.23	○:1.33 ×:1.23	○:1.33 ×:1.23	○:1.33 ×:1.23	○:1.33 ×:1.23	○:1.33 ×:1.23	○:1.33 ×:1.23	○:1.33 ×:1.23	○:1.33 ×:1.23
H-396×199×7×11	○:1.31 ×:1.23	○:1.34 ○:1.26	○:1.34 ○:1.26	○:1.34 ○:1.26	○:1.34 ○:1.26	○:1.32 ×:1.24	○:1.34 ○:1.26	○:1.34 ○:1.26	○:1.34 ○:1.26	○:1.34 ○:1.26
H-400×200×8×13	○:1.31 ×:1.24	○:1.36 ○:1.27	○:1.36 ○:1.27	○:1.36 ○:1.27	○:1.36 ○:1.27	○:1.32 ○:1.25	○:1.36 ○:1.27	○:1.36 ○:1.27	○:1.36 ○:1.27	○:1.36 ○:1.27
H-396×199×7×11	○:1.29 ×:1.24	○:1.34 ○:1.28	○:1.37 ×:1.29	○:1.37 ×:1.29	○:1.37 ×:1.29	○:1.30 ○:1.25	○:1.36 ○:1.28	○:1.37 ×:1.29	○:1.37 ×:1.29	○:1.37 ×:1.29
H-400×200×8×13	○:1.29 ○:1.25	○:1.34 ○:1.28	○:1.37 ○:1.30	○:1.37 ○:1.30	○:1.37 ○:1.30	○:1.30 ○:1.25	○:1.35 ○:1.28	○:1.37 ○:1.30	○:1.37 ○:1.30	○:1.37 ○:1.30
H-446×199×8×12	×:1.24 ×:1.20	○:1.29 ×:1.23	○:1.35 ○:1.27	○:1.35 ○:1.27	○:1.35 ○:1.27	×:1.25 ×:1.20	○:1.30 ×:1.24	○:1.35 ○:1.27	○:1.35 ○:1.27	○:1.35 ○:1.27
H-450×200×9×14	×:1.24 ×:1.20	○:1.29 ×:1.23	○:1.34 ○:1.27	○:1.36 ○:1.28	○:1.36 ○:1.28	×:1.25 ×:1.21	○:1.30 ×:1.24	○:1.35 ○:1.28	○:1.36 ○:1.28	○:1.36 ○:1.28
H-496×199×9×14	×:1.21 ×:1.17	○:1.25 ×:1.20	○:1.30 ×:1.24	○:1.34 ○:1.27	○:1.35 ○:1.27	×:1.22 ×:1.18	○:1.26 ×:1.21	○:1.32 ○:1.25	○:1.35 ○:1.27	○:1.35 ○:1.27
H-500×200×10×16	×:1.21 ×:1.18	○:1.25 ×:1.21	○:1.30 ×:1.24	○:1.34 ○:1.27	○:1.35 ○:1.28	×:1.22 ×:1.19	○:1.26 ×:1.21	○:1.31 ○:1.25	○:1.35 ○:1.28	○:1.35 ○:1.28
H-506×201×11×19	×:1.23 ×:1.20	○:1.26 ×:1.22	○:1.30 ○:1.25	○:1.34 ○:1.28	○:1.36 ○:1.30	×:1.23 ×:1.20	○:1.27 ×:1.23	○:1.32 ○:1.26	○:1.35 ○:1.29	○:1.36 ○:1.30
H-600×200×11×17	×:1.14 ×:1.11	×:1.17 ×:1.14	×:1.22 ×:1.18	○:1.25 ×:1.20	○:1.29 ×:1.23	×:1.15 ×:1.12	×:1.18 ×:1.15	×:1.23 ×:1.19	○:1.27 ×:1.21	○:1.30 ×:1.24
H-606×201×12×20	×:1.15 ×:1.13	×:1.19 ×:1.16	×:1.23 ×:1.19	○:1.26 ×:1.21	○:1.29 ×:1.23	×:1.16 ×:1.14	×:1.19 ×:1.16	×:1.24 ×:1.20	○:1.27 ×:1.22	○:1.30 ○:1.25

付表1.2（d）　角形鋼管柱（BCR295）とH形鋼梁（SN400）の組合せ：$\alpha \geq 1.30$

梁断面＼柱断面	□-500×500					□-550×550			
	9	12	16	19	22	12	16	19	22
H-248×124×5×8	○：1.51 ○：1.40	○：1.51 ○：1.40	○：1.51 ○：1.40	○：1.51 ○：1.40	○：1.51 ○：1.40	○：1.51 ○：1.40	○：1.51 ○：1.40	○：1.51 ○：1.40	○：1.51 ○：1.40
H-250×125×6×9	○：1.51 ○：1.40	○：1.51 ○：1.40	○：1.51 ○：1.40	○：1.51 ○：1.40	○：1.51 ○：1.40	○：1.51 ○：1.40	○：1.51 ○：1.40	○：1.51 ○：1.40	○：1.51 ○：1.40
H-298×149×5.5×8	○：1.47 ○：1.37	○：1.47 ○：1.37	○：1.47 ○：1.37	○：1.47 ○：1.37	○：1.47 ○：1.37	○：1.47 ○：1.37	○：1.47 ○：1.37	○：1.47 ○：1.37	○：1.47 ○：1.37
H-300×150×6.5×9	○：1.47 ○：1.37	○：1.47 ○：1.37	○：1.47 ○：1.37	○：1.47 ○：1.37	○：1.47 ○：1.37	○：1.47 ○：1.37	○：1.47 ○：1.37	○：1.47 ○：1.37	○：1.47 ○：1.37
H-346×174×6×9	○：1.49 ○：1.40	○：1.49 ○：1.40	○：1.49 ○：1.40	○：1.49 ○：1.40	○：1.49 ○：1.40	○：1.49 ○：1.40	○：1.49 ○：1.40	○：1.49 ○：1.40	○：1.49 ○：1.40
H-350×175×7×11	○：1.50 ○：1.42	○：1.50 ○：1.42	○：1.50 ○：1.42	○：1.50 ○：1.42	○：1.50 ○：1.42	○：1.50 ○：1.42	○：1.50 ○：1.42	○：1.50 ○：1.42	○：1.50 ○：1.42
H-396×199×7×11	○：1.49 ○：1.42	○：1.51 ○：1.44	○：1.51 ○：1.44	○：1.51 ○：1.44	○：1.51 ○：1.44	○：1.51 ○：1.44	○：1.51 ○：1.44	○：1.51 ○：1.44	○：1.51 ○：1.44
H-400×200×8×13	○：1.49 ○：1.43	○：1.52 ○：1.45	○：1.52 ○：1.45	○：1.52 ○：1.45	○：1.52 ○：1.45	○：1.52 ○：1.45	○：1.52 ○：1.45	○：1.52 ○：1.45	○：1.52 ○：1.45
H-446×199×8×12	○：1.43 ○：1.37	○：1.49 ○：1.41	○：1.49 ○：1.42	○：1.49 ○：1.42	○：1.49 ○：1.42	○：1.49 ○：1.42	○：1.49 ○：1.42	○：1.49 ○：1.42	○：1.49 ○：1.42
H-450×200×9×14	○：1.43 ○：1.38	○：1.48 ○：1.42	○：1.50 ○：1.43	○：1.50 ○：1.43	○：1.50 ○：1.43	○：1.50 ○：1.42	○：1.50 ○：1.43	○：1.50 ○：1.43	○：1.50 ○：1.43
H-496×199×9×14	○：1.39 ○：1.34	○：1.44 ○：1.38	○：1.49 ○：1.41	○：1.49 ○：1.41	○：1.49 ○：1.41	○：1.45 ○：1.39	○：1.49 ○：1.41	○：1.49 ○：1.41	○：1.49 ○：1.41
H-500×200×10×16	○：1.39 ○：1.35	○：1.44 ○：1.39	○：1.49 ○：1.42	○：1.49 ○：1.42	○：1.49 ○：1.42	○：1.45 ○：1.39	○：1.49 ○：1.42	○：1.49 ○：1.42	○：1.49 ○：1.42
H-506×201×11×19	○：1.40 ○：1.37	○：1.45 ○：1.40	○：1.51 ○：1.44	○：1.51 ○：1.44	○：1.51 ○：1.44	○：1.46 ○：1.40	○：1.51 ○：1.44	○：1.51 ○：1.44	○：1.51 ○：1.44
H-600×200×11×17	○：1.31 ×：1.27	○：1.35 ○：1.31	○：1.41 ○：1.36	○：1.46 ○：1.39	○：1.47 ○：1.40	○：1.36 ○：1.32	○：1.43 ○：1.37	○：1.47 ○：1.40	○：1.47 ○：1.40
H-606×201×12×20	○：1.32 ×：1.29	○：1.36 ○：1.32	○：1.42 ○：1.37	○：1.46 ○：1.40	○：1.48 ○：1.41	○：1.37 ○：1.33	○：1.43 ○：1.38	○：1.47 ○：1.41	○：1.48 ○：1.41

付表1.3（d）　角形鋼管柱（BCR295）とH形鋼梁（SN490）の組合せ：$\alpha \geq 1.25$

梁断面＼柱断面	□-500×500					□-550×550			
	9	12	16	19	22	12	16	19	22
H-248×124×5×8	○：1.37 ○：1.26	○：1.37 ○：1.26	○：1.37 ○：1.26	○：1.37 ○：1.26	○：1.37 ○：1.26	○：1.37 ○：1.26	○：1.37 ○：1.26	○：1.37 ○：1.26	○：1.37 ○：1.26
H-250×125×6×9	○：1.37 ○：1.25	○：1.37 ○：1.25	○：1.37 ○：1.25	○：1.37 ○：1.25	○：1.37 ○：1.25	○：1.37 ○：1.25	○：1.37 ○：1.25	○：1.37 ○：1.25	○：1.37 ○：1.25
H-298×149×5.5×8	○：1.33 ×：1.23	○：1.33 ×：1.23	○：1.33 ×：1.23	○：1.33 ×：1.23	○：1.33 ×：1.23	○：1.33 ×：1.23	○：1.33 ×：1.23	○：1.33 ○：1.23	○：1.33 ×：1.23
H-300×150×6.5×9	○：1.33 ×：1.23	○：1.33 ×：1.23	○：1.33 ×：1.23	○：1.33 ×：1.23	○：1.33 ×：1.23	○：1.33 ×：1.23	○：1.33 ×：1.23	○：1.33 ×：1.23	○：1.33 ×：1.23
H-396×199×7×11	○：1.33 ○：1.25	○：1.34 ○：1.26	○：1.34 ○：1.26	○：1.34 ○：1.26	○：1.34 ○：1.26	○：1.34 ○：1.26	○：1.34 ○：1.26	○：1.34 ○：1.26	○：1.34 ○：1.26
H-400×200×8×13	○：1.33 ○：1.26	○：1.36 ○：1.27	○：1.36 ○：1.27	○：1.36 ○：1.27	○：1.36 ○：1.27	○：1.36 ○：1.27	○：1.36 ○：1.27	○：1.36 ○：1.27	○：1.36 ○：1.27
H-396×199×7×11	○：1.31 ○：1.26	○：1.37 ○：1.29	○：1.37 ○：1.29	○：1.37 ○：1.29	○：1.37 ○：1.29	○：1.37 ○：1.29	○：1.37 ○：1.29	○：1.37 ○：1.29	○：1.37 ○：1.29
H-400×200×8×13	○：1.31 ○：1.26	○：1.36 ○：1.29	○：1.37 ○：1.30	○：1.37 ○：1.30	○：1.37 ○：1.30	○：1.37 ○：1.30	○：1.37 ○：1.30	○：1.37 ○：1.30	○：1.37 ○：1.30
H-446×199×8×12	○：1.26 ×：1.21	○：1.31 ○：1.25	○：1.35 ○：1.27	○：1.35 ○：1.27	○：1.35 ○：1.27	○：1.32 ○：1.25	○：1.35 ○：1.27	○：1.35 ○：1.27	○：1.35 ○：1.27
H-450×200×9×14	○：1.26 ×：1.22	○：1.31 ○：1.25	○：1.36 ○：1.28	○：1.36 ○：1.28	○：1.36 ○：1.28	○：1.32 ○：1.26	○：1.36 ○：1.28	○：1.36 ○：1.28	○：1.36 ○：1.28
H-496×199×9×14	○：1.22 ×：1.18	○：1.27 ×：1.22	○：1.33 ○：1.26	○：1.35 ○：1.27	○：1.35 ○：1.27	○：1.28 ×：1.23	○：1.34 ○：1.27	○：1.35 ○：1.28	○：1.35 ○：1.27
H-500×200×10×16	○：1.23 ×：1.19	○：1.27 ×：1.22	○：1.33 ○：1.26	○：1.35 ○：1.28	○：1.35 ○：1.28	○：1.28 ×：1.23	○：1.34 ○：1.27	○：1.35 ○：1.28	○：1.35 ○：1.28
H-506×201×11×19	○：1.24 ×：1.21	○：1.28 ×：1.23	○：1.33 ○：1.27	○：1.36 ○：1.30	○：1.36 ○：1.30	○：1.28 ×：1.24	○：1.34 ○：1.28	○：1.36 ○：1.30	○：1.36 ○：1.30
H-600×200×11×17	×：1.15 ×：1.12	×：1.19 ×：1.15	×：1.24 ×：1.19	○：1.28 ×：1.22	○：1.32 ○：1.25	×：1.20 ×：1.16	○：1.26 ×：1.20	○：1.30 ×：1.23	○：1.33 ○：1.26
H-606×201×12×20	×：1.17 ×：1.14	×：1.20 ×：1.17	○：1.25 ×：1.20	○：1.28 ×：1.23	○：1.32 ○：1.26	×：1.21 ×：1.17	○：1.26 ×：1.21	○：1.30 ×：1.24	○：1.33 ○：1.27

索　引

A

BCP	39, 41
BCR	39, 41
HAZ（熱影響部）	33
JASS 6　鉄骨工事	3, 6
JIS 規格品	39, 40
SN	39, 40
SNR	42
SS	39
STKN	42
T継手	28
UT	40

あ行

アーク溶接	2, 33
アーク電圧	34, 51, 63
圧縮ブレース	94, 96
当て金継手	28
アンカーボルト	105
アンダーカット	54, 66
一回反射法	81
一層多パス	34
ウィービング	33, 65
上向姿勢	46
内ダイアフラム形式	31, 67, 84, 86
内開先	31
裏当て金	24, 33, 34, 47, 61
裏はつり	24, 48
エレクトロスラグ溶接	67
エンドタブ	33, 34, 49, 61, 65
エンドプレート	103
オーバーラップ	54, 66
温度チョーク	51

か行

外観検査	80, 97
開先	24, 46, 57, 60
ガウジング	48
重ね継手	28
ガスシールドアーク溶接	36, 42
ガセットプレート	94
ガセットプレート乗換え形式	99
角継手	26
完全溶込み溶接	23, 24
管理許容差	64
基礎コンクリート	105
脚長	27
矯正	59
食違い	60
屈折角	82
組立て溶接	59, 61
クレーター	65
限界許容差	64
建築構造士	20
建築構造用圧延鋼材（SN）	39
建築用ターンバックル	95
建築士	20
建築鉄骨製品検査技術者	21
建築鉄骨超音波検査技術者	21
現場溶接	31
鋼管ブレース	102
鋼構造設計規準【S 規準】	2, 3, 5, 26
鋼構造接合部設計指針【接合指針】	26, 27
工場溶接	30
鋼製エンドタブ	49, 77
合成梁	32
構造設計一級建築士	20
勾配	91
降伏せん断耐力	25, 27
降伏軸方向耐力	25
固形タブ・固形エンドタブ	49, 50, 77
混用接合	31

さ行

サイズ	27, 65
最大軸方向耐力	25
最大せん断耐力	25, 27
最大曲げ耐力	70
座屈	96
サブマージアーク溶接	37
始終端部	33
下向姿勢	44
斜角探傷法	80, 98
弱軸	101
シヤープレート	31
斜方隅肉溶接	26
十字継手	28
ショートビード	59
仕様書（標準仕様書，特記仕様書）	14
シールドガス	33
新耐震設計法	39
振動子	84, 97
水平スチフナ	30, 67
スカラップ	50
スカラップ形式	71
スチフナ	95

索引

[column 1]

スパッタ	33, 65
隅肉溶接	7, 23, 26, 79
スラグ	33, 64
スラグ巻き込み	55
ずれ(仕口のずれ)	61
脆性破壊・脆性破断	8, 38
積層	34
施工不良	7
接合部係数	70, 95
接合部パネル	23, 69, 71, 86
全塑性モーメント	70
前面隅肉溶接	26
走査範囲	81, 98
側面隅肉溶接	26
塑性ヒンジ	22, 23
外開先	31
外ダイアフラム形式	67
ソリッドワイヤ	36, 57, 63

た行

ダイアフラム	30, 67, 72, 85
大臣認定品	39, 40, 90
多層盛り溶接	33
立向姿勢	45
ダブラープレート	72
探傷不能範囲	81
探触子	81
炭素当量	39, 41
超音波探傷試験(UT)・検査	20, 80, 97
直交大梁	91
直射法	82
直接接合形式	105, 107
柱脚	104
突合せ継手	28
鉄骨工事管理責任者	17, 20
鉄骨工事技術指針【技術指針】	6, 32, 57, 77
鉄骨製作管理技術者	21
鉄骨製作業者	13, 18
鉄骨製作工場	16
鉄骨製作要領書	16, 18
鉄骨精度検査基準	4, 59
テーパー管	90
等脚隅肉	27
通しダイアフラム形式	31, 67, 72, 78, 85
溶込み不良	55
ドッグボーン	32

な行

内部欠陥	66, 80
斜め柱	91
入熱	42, 51, 63
熱影響部(HAZ)	33
ノンスカラップ形式	71

は行

柱貫通形式	31, 32
柱梁接合部	67
破断	7, 8
梁ウェブ接合部	70
梁貫通形式	31
梁偏心	89
パス	33
パス間温度	42, 51, 63
パネルモーメント	69
ピット	55, 65
引張ブレース	95
ビード	33
日の字断面	5
非破壊試験技術者	21
被覆アーク溶接	35, 43, 63
表面SH波探傷	98
品質管理	12, 59
複合円型スカラップ	76
不等脚隅肉	27
部分溶込み溶接	25, 30
フラックス	35, 36, 63
フラックス入りワイヤ	57, 63
ブローホール	55, 58, 61
併用継手	29
ベースプレート	104
崩壊型(梁崩壊型, 柱崩壊型)	22
放射線透過試験(RT)	80
ボンド部	33

ま行

曲げ加工	98
回し溶接	66, 79
めっき割れ	57

や行

有効のど厚	27
融合不良	55
溶接管理技術者	19, 21
溶接記号	29
溶接技能者資格	21
溶接金属	34, 38, 42, 51
溶接組立H形鋼	36
溶接欠陥	8, 54
溶接構造用圧延鋼材(SM)	40
溶接材料	42, 63
溶接姿勢	43
溶接詳細	30
溶接積層図	34, 53
溶接施工条件	51, 63
溶接速度	51, 63
溶接継手	28, 30
溶接継目	23
溶接電流	34, 51, 63
溶接ワイヤ	43
溶接割れ	39, 55
溶接割れ感受性組成	39
横向姿勢	45
予熱	53, 56, 63
余盛	65

ら行

ラメラテア	39, 40
ルート間隔	24, 47, 62
ルート面	47

わ行

割込みプレート	102
割れ	43, 55

溶接接合設計施工ガイドブック

| 2008年11月25日 | 第1版第1刷 |
| 2024年 4月10日 | 第9刷 |

編　集
著作人　　一般社団法人　日本建築学会

印刷所　　株式会社　東　京　印　刷

発行所　　一般社団法人　日本建築学会
　　　　　　108-8414　　東京都港区芝5−26−20
　　　　　　電　話・(03)3456−2051
　　　　　　FAX・(03)3456−2058
　　　　　　http://www.aij.or.jp/

発売所　　丸善出版株式会社
　　　　　　101-0051東京都千代田区神田神保町2-17
　　　　　　　　　　　神田神保町ビル
　　　　　　電　話・(03)3512−3256

Ⓒ日本建築学会 2008

ISBN978-4-8189-0579-5 C3052